äpfel, birnen & quitten

SCHÄTZE VOM BAUM

INGO SWOBODA
JACQUELINE VOGT

äpfel, birnen & quitten

SCHÄTZE VOM BAUM

INGO SWOBODA
JACQUELINE VOGT

FOTOS VON ALEXANDER WALTER

KOSMOS

ÄPFEL, BIRNEN & QUITTEN

DAS IST *wirklich* WICHTIG

DARAUF KOMMT'S AN! **Hier erläutern wir alles, was zum Gelingen des Rezepts wirklich wichtig ist. Wo es sinnvoll ist, mit Bild, sonst auch ohne.**

VOM BAUM AUF DEN TISCH

Vorgeschmack auf köstliche Heimarbeit

HURRA, ES KANN GEERNTET WERDEN! JETZT GIBT'S WAS IN DIE TÖPFE. GUTE IDEEN FÜR FEINE FRÜCHTE.

Die Terrassentür steht offen, draußen streicht der Wind durch den Garten. Die Schaukel fliegt hoch, die Dahlien haben die Farbe der Sonne und des Abendrots. Die Felder leuchten. In der Luft hängt der süße Dunst der Hochsommerhitze, die klaren Töne der länger werdenden Tage mischen sich hinein. Es ist die Zeit, in der die Natur uns besonders üppig aufzutischen beginnt. Die Kinder haben den Mund noch von Beeren verschmiert, da hüpfen sie um den Quittenbaum. Sein Stamm ächzt ein bisschen. Die Fracht auf den Ästen ist grün, wann sind denn die Früchte endlich reif und gelb? Nicht vor dem Herbst, die Vorfreude dauert noch ein wenig an. Auch die heimischen Äpfel brauchen, wenn die Jahreszeit von warm nach kühler wechselt, noch Tage und Wochen am Baum – je länger sie hängen, desto besser werden sie schmecken. Pflücken wir eben schon einmal die ersten Birnen.

Wenn dann geerntet wird, wenn sich das Obst in großen Körben türmt, dann beginnt die hohe Zeit der Heimarbeit. Es wird geschält und geschnitten. Es wird gedämpft und gerührt, es wird zu Saft gepresst und zu Marmelade gekocht – und das ist noch längst nicht alles. Was sich mit Äpfeln, Birnen, Quitten sonst noch so anstellen lässt: Wir wüssten da etwas.

Jetzt ist die Saison für köstliche Kuchen. Für duftendes Gebäck mit einem Innenleben aus Obst. Jetzt ist die Zeit, pikante Suppen zu kochen. Einen Pizzateig zu machen und ihn fruchtig-herzhaft zu belegen. Jetzt wird eingemacht und Eintopf gekocht. Jetzt werden die steinharten Quitten auf dem Ofen weich und können nicht mehr anders als einfach nur wunderbar schmecken. Das tun sie allein, das tun sie auch im Gulasch, und immer verbreiten sie im Haus einen herrlichen Duft.

Wer keinen Garten hat, der kehrt vom Markt voll beladen heim und krempelt die Ärmel hoch, denn es wird gekocht. Etwas Schnelles, wenn die Zeit knapp ist. Etwas Aufwändigeres, wenn Familie und Freunde so richtig verwöhnt werden sollen. Etwas Süßes, etwas Herzhaftes und vieles für die Vorratskammer. Alles wird in diesem Buch Schritt für Schritt erklärt. Alles ist vielfach erprobt. Einfach nachmachen und dann genießen. Guten Appetit!

VORRÄTE
So hält sich das Ganze

DIE ERNTE VERARBEITEN, IN GLÄSER, DOSEN UND FLASCHEN FÜLLEN. HIER SIND REZEPTE FÜR EINGELEGTE, EINGEMACHTE UND GETROCKNETE FRÜCHTE, FÜR SÜSSE UND FEURIGE LECKEREIEN.

DAS IST *wirklich* WICHTIG

[a] TEMPERATUR EINHALTEN Sollen getrocknete Äpfel länger aufbewahrt werden, ist beim Trocknen die richtige Temperatur entscheidend dafür, dass sich keine schädlichen Mikroorganismen bilden: Die Wärme in einem Standard-Backofen sollte daher nicht unter den angegebenen 60 °C liegen.

[b] GITTERROST Beim Trocknen im Backofen zwischendurch kontrollieren, ob nicht die Apfelringe am Gitterrost festhängen; in diesem Falle lösen und neu auflegen.

GETROCKNETE ÄPFEL

fruchtig und knusprig

GETROCKNETE ÄPFEL SCHMECKEN NICHT NUR DEN JÜNGSTEN. AUCH WENN DIE SIE GANZ BESONDERS LIEBEN …

Zutaten für ca. 60 Apfelringe

- 1 l Wasser
- 10 ml Zitronensaft
- 1 kg Äpfel

besonderes Werkzeug

- Apfelausstecher

Zeitbedarf

- 20 Minuten + 7 Stunden trocknen

So geht's

1. Reife, aber nicht überreife Äpfel auswählen, darauf achten, dass sie keine Druckstellen aufweisen.
2. Ofen auf 60 °C (Umluft 40 °C) vorheizen. Zitronensaft in das kalte Wasser geben. Äpfel waschen, dabei das Obst im Ganzen belassen.
3. Mit einem Apfelausstecher die Kerngehäuse entfernen.
4. Die Äpfel in etwa 8 mm dicke Ringe schneiden. Apfelringe sofort in das Zitronenwasser tauchen, damit sie sich nicht braun verfärben, anschließend sofort trockentupfen.
5. Die Apfelringe jetzt auf dem Backofen-Gitter nebeneinander auslegen und rund 7 Stunden dörren lassen [→ a + b]. In einem Umluftherd können mehrere Lagen gleichzeitig getrocknet werden.

Die Varianten

Ohne Ofen
Ohne Backofen geht's auch. Wer Trockenobst mag und es häufig herstellen will, kann über die Anschaffung eines Dörrautomaten nachdenken, er verkürzt die Trocknungszeit erheblich.

Ohne Strom
Wer gar keinen Strom verwenden möchte, fädelt die Äpfel auf einen starken Zwirn und hängt sie in einem warmen Raum über der Heizung für mehrere Tage bis Wochen auf. An der Luft getrocknete Apfelringe eignen sich ausschließlich für den raschen Verzehr.

GEEIGNETE TAFELÄPFEL für die getrockneten Ringe sind Boskoop, Elstar oder Golden Delicious. Aber auch Äpfel von Streuobstwiesen lassen sich gut verarbeiten.

DAS IST *wirklich* WICHTIG

[a] BIO-ÄPFEL Achten Sie darauf, unbehandelte Äpfel einzukaufen, da das Obst mit der Schale verarbeitet wird.

[b] EINMACHGLÄSER AUSKOCHEN
Die Gläser werden 5 Minuten lang in sprudelnd heißes Wasser gelegt, die Deckel ebenfalls. Gläser dann verkehrt auf ein sauberes Geschirrtuch stellen, bis sie befüllt werden.

QUITTEN-CHUTNEY
mit Äpfeln und Aprikosen

DIESES RAFFINIERTE CHUTNEY PEPPT VIELE EINFACHE GERICHTE AUF. IN GLÄSER ABGEFÜLLT IST ES AUCH EIN SCHÖNES MITBRINGSEL.

Zutaten für 6 Einmachgläser

- 200 g getrocknete Aprikosen
- 200 ml Weißwein
- 500 g Quitten
- 500 g feste, säuerliche Bio-Äpfel
- 2 Zwiebeln
- 2 Knoblauchzehen
- 2 kleine rote Chilischoten
- 3 cm frische Ingwerwurzel
- 4 TL Senfkörner
- 1 TL Meersalz
- 1 Msp. Cayennepfeffer
- 500 ml Weißweinessig
- 500 g weißer Kandiszucker

besonderes Werkzeug

- 6 Einmachgläser à 300 ml
- breiter Topf mit hohem Rand

Zeitbedarf

- 30 Minuten + 40 – 50 Minuten garen

So geht's

1. Aprikosen in dem Weißwein einweichen.
2. Quitten mit einem trockenen Tuch abreiben, waschen, so gut wie möglich schälen, vierteln und entkernen, dann in Spalten oder Würfel schneiden.
3. Äpfel waschen, mit Schale vierteln [→ a]. Entkernen und in Spalten oder Würfel schneiden.
4. Aprikosen aus dem Wein nehmen, klein schneiden. Die Zwiebeln schälen und würfeln. Knoblauch abziehen. Chilischoten waschen, entkernen und klein hacken, Ingwer schälen und klein hacken. Alle Früchte in eine Schüssel geben, mit Zwiebeln, Knoblauch, Chili, Ingwer, Senfkörnern, Salz und Cayennepfeffer vermischen.
5. Einmachgläser auskochen [→ b].
6. Die Mischung in einen Topf geben, mit dem Essig unter gelegentlichem Rühren zum Kochen bringen. Nach 20 Minuten den Zucker einrühren. Weitere 20 bis 30 Minuten kochen lassen, bis die Flüssigkeit verdampft ist und die Masse marmeladenähnliche Konsistenz hat. Noch sehr heiß abfüllen.

ZU WILD **schmeckt dieses Quittenchutney ausgezeichnet, auch zu einer herzhaften Apfelpastete (siehe Rezept Seite 114). Reste, die nicht abgefüllt wurden, als Brotbelag rasch verbrauchen.**

Die Variante

Süßliches Chutney
Für ein süßeres Chutney nur aus Quitten und Äpfeln 500 g Quitten wie beschrieben verarbeiten. 500 g Äpfel schälen, vierteln und würfeln. Äpfel mit einer mittelgroßen gehackten Zwiebel anschwitzen, 200 ml Apfelsaft dazugeben und 100 g Zucker. Aufkochen lassen, Quitten dazugeben und 30 Minuten köcheln lassen. Süß-sauer wird das Chutney mit Kürbis, diesen dann wie die Äpfel verarbeiten und mit Ingwer, Koriander, Kreuzkümmel und Zitronensaft würzen.

APFELMUS
Duft und Genuss

Zutaten für 4 Einmachgläser

- 1 kg Äpfel
- Saft von 1 unbehandelten Zitrone
- 200 ml Wasser
- 100 g Zucker
- 1 Zimtstange
- ½ Vanilleschote

besonderes Werkzeug
- 4 Einmachgläser à 400 ml

Zeitbedarf
- 15–20 Minuten + 30 Minuten garen

So geht's

1. Äpfel schälen und in kleine Stücke schneiden. Mit Zitronensaft beträufeln und in einen Topf geben.
2. Wasser und Zucker dazugeben, die Äpfel sollten nicht bedeckt sein. Zimtstange und Vanilleschote zugeben. Das Ganze zum Kochen bringen, dann bei mittlerer Hitze etwa 30 Minuten garen lassen und regelmäßig umrühren (Vorsicht vor heißen Spritzern!).
3. Das Apfelmus ist fertig, wenn die Stückchen weitestgehend zu Brei geworden sind. Brei mit einem Löffel durch ein Sieb streichen.
4. Das heiße Apfelmus randvoll in sauber gespülte Gläser füllen. Danach die Gläser fest verschließen und unter fließendem kaltem Wasser abspülen.
5. Die Gläser auf dem Kopf stehend in ein Waschbecken mit kaltem Wasser stellen, bis sie abgekühlt sind.

IN TIEFKÜHLBEUTEL gefüllt können Sie das Apfel- und Quittenmus nach dem Abkühlen auch einfrieren.

QUITTENMUS
einfach gut

Zutaten für 6 bis 8 Einmachgläser

- 2 kg Quitten
- 2 l Wasser
- 100 g Zucker

Zeitbedarf
- 20 Minuten + 15–40 Minuten garen

besonderes Werkzeug
- 6–8 Einmachgläser à 300 ml
- Passiermühle

So geht's

1. Die Quitten mit einem trockenen Tuch abreiben, Schale mit einem Sparschäler entfernen, vierteln, Kerngehäuse entfernen. Obst ins Wasser geben, kalt aufsetzen. Wenn das Wasser kocht, sofort die Hitze reduzieren. Den Zucker einrühren.
2. Früchte bei schwacher Hitze weich werden lassen. Quitten sind gar, wenn sie sich ganz leicht zerdrücken lassen. Durch eine Passiermühle drehen, dann durch ein Sieb streichen. Nochmals aufkochen lassen.
3. Püree in Gläser füllen, sofort verschließen.

QUITTENPÜREE schmeckt wunderbar zu Schokoladeneis, aber auch zu vielen herzhaften Gerichten. Kinder lieben es eingerührt in Naturjoghurt. Wer sehr süße Quitten hat, braucht für das Mus weniger, eventuell gar keinen Zucker.

APFELGELEE
mit Calvados

Zutaten für 4 Einmachgläser

- 2,5 kg knackige Äpfel (z. B. Elstar oder Alkmene)
- 1 Zitrone
- ½ l Apfelwein
- 1,5 kg Gelierzucker
- 5 cl Calvados

besonderes Werkzeug

- Kartoffelstampfer
  4 Einmachgläser à 400 ml

Zeitbedarf

- 30 Minuten +
  20 Minuten garen

So geht's

1. Äpfel schälen, vom Kerngehäuse befreien, in kleine Stücke schneiden. Die Zitrone auspressen. Apfelstücke im Apfelwein etwa 10 Minuten lang kochen. Zitronensaft dazugeben.
2. Die Apfelstücke in ein Sieb geben und über einem Topf mit dem Stampfer zu Brei drücken oder in einem sauberen Küchentuch abpressen. Dabei den Saft auffangen und abkühlen lassen. Anschließend den Saft mit Gelierzucker verrühren.
3. Den Saft zügig aufkochen, danach köcheln lassen, bis der Saft nach einigen Minuten langsam andickt. Den dabei aufsteigenden Schaum mehrmals mit einer Schöpfkelle abschöpfen.
4. Das angedickte Gelee vom Herd nehmen, Calvados unterrühren und heiß in die sauber gespülten Einmachgläser füllen.
5. Die Gläser gut verschließen, auf den Kopf stellen und abkühlen lassen.

KÜHL GESTELLT bleibt dieses pikante Quittengelee einige Monate lang haltbar.

DIE QUITTE

Eine – zum Glück nur fast – vergessene Frucht

„QUITTENGELB" SAGT JEDEM ETWAS. DOCH DIE FRUCHT DER APHRODITE SELBST RANGIERT BEI DEN FRÜCHTEN WEIT HINTER APFEL UND BIRNE – DABEI KÖNNEN QUITTEN SO MANCHES.

GESUND BLEIBEN MIT QUITTEN

Eigentlich unverständlich, denn gerade unter dem gesundheitlichen Aspekt bergen die duftenden gelben Früchte positive Eigenschaften für Körper und Seele. Quitten zeichnen sich durch ihren Gehalt an Ballaststoffen, Kalium, Eisen und Vitamin C aus, dazu enthalten die Früchte Weinsäure, Apfelsäure und Tannine. Heilende Wirkung bei Fieber, Husten, Magen- und Darmproblemen wird der Quitte, die wie Apfel und Birne zur Familie der Rosengewächse gehört, bereits seit der Antike zugeschrieben. Ein idealer Nebeneffekt, der das Kochen und Backen mit Quitten zusätzlich empfehlenswert macht.

OHNE KOCHEN GEHT ES NICHT

Roh sind Quitten aus unseren Breiten kaum zu genießen. Die Früchte, die von September bis November geerntet werden, sind steinhart und schmecken aufgrund des hohen Tanningehaltes deutlich herb und säuerlich. Werden sie allerdings gekocht, dann gehen Säuren und die intensiven Aromastoffe eine schmackhafte Verbindung ein und machen Quitten zu einer idealen Frucht für die Herstellung von Konfitüren, Gelees und Kompott.

QUITTEN OPTIMAL LAGERN

Was im eigenen Garten geerntet, im Supermarkt oder beim Obst- und Gemüsehändler eingekauft wurde, sollte bis zur Verarbeitung kühl (1,5 – 2 °C), aber nicht zu lange lagern. Nach zirka acht Wochen beginnt sich das Fruchtfleisch bräunlich zu verfärben. Trotz ihres festen Fruchtfleisches sollten Quitten vorsichtig behandelt werden, denn Druckstellen an der zitronengelben Haut führen schnell zu Fäulnis. Da Quitten im reifen Zustand sehr duftintensiv sind, sollten sie nicht mit anderen Obstsorten zusammen gelagert werden. Wer allerdings ihren Duft schätzt, kann sie auch als Duftspender in der Wohnung einsetzen. Als kleiner Vorgeschmack auf die leckeren Rezepte, bei denen die Quitte die Hauptrolle spielt.

QUITTENSORTEN

Weltweit gibt es rund 200 verschiedene Arten von Quitten. Das sind die in Deutschland bekanntesten und beliebtesten Sorten, die auch im Handel üblich sind.

Astheimer Perlquitte	kleine, sehr aromatische Quitte – ideal für den Hausgarten
Bereczki-Birnenquitte	leicht süßlich-aromatisches Fruchtfleisch
Champion-(Meister-)Quitte	saftige, aromatische Birnenquitte, Reifezeit Mitte bis Ende Oktober
Konstantinopeler Apfelquitte	große, apfelförmige Quitte, schmeckt gekocht sehr aromatisch mit feinsäuerlichen Nuancen – für den Hausgarten bestens geeignet
Portugiesische Birnenquitte	große, birnenförmige Quitte mit saftig-süßlichem Fruchtfleisch – Genussreife bis Ende November – ideal für den Hausgarten
Riesenquitte von Leskovac	große aromatische Apfelquitte mit weißem Fruchtfleisch – Reifezeit Mitte Oktober

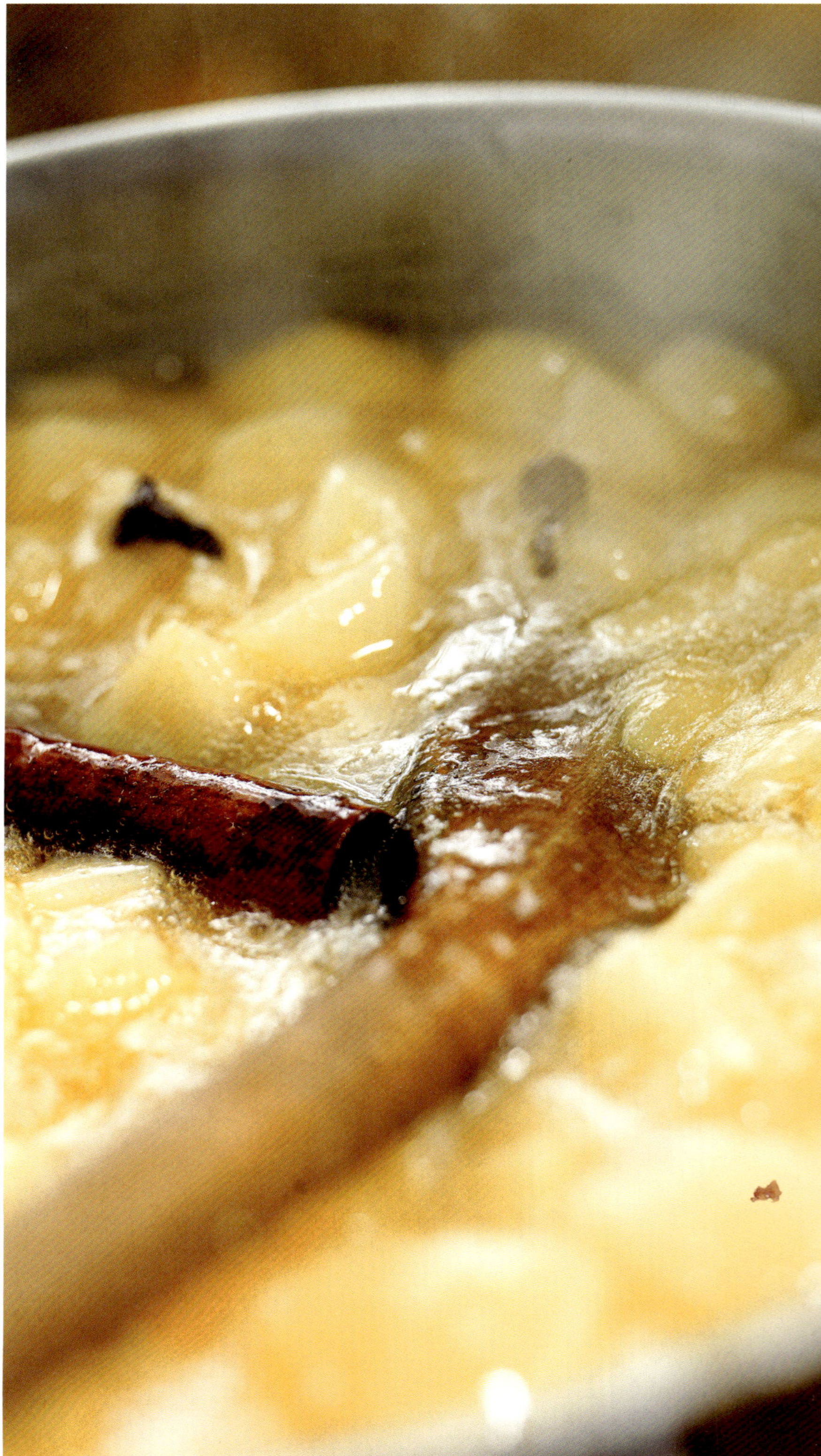

DAS IST *wirklich* WICHTIG

[a] RASCH VERRÜHREN Gelierzucker klumpt, wenn er nicht sofort gut verrührt wird.

[b] UNBEDINGT AUFKOCHEN Mit Gelierzucker hergestellte Konfitüre muss richtig sprudelnd kochen, bevor sie abgefüllt wird – sonst wird das Ergebnis nicht fest.

QUITTEN-KONFITÜRE *mit Äpfeln*

ZWEI FRÜCHTE: OPTIMAL ZUR GELTUNG GEBRACHT IN DIESER KONFITÜRE. IHRE FINESSE ERHÄLT SIE DURCH ZIMT UND COGNAC.

Für ca. 8 Einmachgläser

- 1 kg Quitten
- 150 ml Wasser
- 1 kg Äpfel (z. B. Golden Delicious oder Jonagold)
- 2 Nelken
- 1 Zimtstange
- 2 TL Zitronensaft
- 2 EL Cognac
- Gelierzucker für 2 kg Früchte

besonderes Werkzeug

- ca. 8 Einmachgläser à 200 ml

Zeitbedarf

- 40 Minuten + ca. 35 Minuten garen

So geht's

1. Die Schraubgläser auskochen (siehe Seite 12).
2. Quitten mit einem trockenen Tuch abreiben, schälen. Blüten- und Stielansätze entfernen, nicht jedoch die Kerngehäuse. Früchte vierteln.
3. Mit kaltem Wasser in einem Topf zugedeckt aufkochen, dann etwa 30 Minuten köcheln lassen. Masse durch ein Sieb streichen.
4. Die Äpfel waschen, schälen, Kerngehäuse entfernen, würfeln. Mit der Quittenmasse, Nelken und Zimtstange, dem Zitronensaft und Cognac unter Rühren zum Kochen bringen, dann den Gelierzucker dazugeben und sofort gut unterrühren **[→ a]**.
5. Unter Rühren 3 bis 5 Minuten sprudelnd kochen lassen, dann von der Kochstelle nehmen und sofort abfüllen **[→ b]**. Gläser nach dem Verschließen umdrehen und für 5 Minuten auf dem Kopf stehen lassen.

GELIERZUCKER-SORTEN **unterscheiden sich durch ihr Verhältnis von Zucker zu Früchten. Gelierzucker 1:1, der gebräuchlichste, steht für 1 kg Zucker auf 1 kg Obst. Diät-Gelierzucker ist weniger süß, hat aber einen starken Eigengeschmack.**

FÜR KINDER **bei der Konfitüre den Cognac weglassen und eventuell durch Mandelsirup ersetzen.**

Die Varianten

Mit Birnen
Für eine säuerlich-fruchtige Apfel-Birnen-Konfitüre 500 g Äpfel und 500 g Birnen schälen, schneiden und mit ⅛ l säurehaltigem Weißwein, am besten Riesling, und 1 kg Gelierzucker mischen. Für 3 bis 10 Stunden abgedeckt in den Kühlschrank stellen, unter Rühren aufkochen und etwa 5 Minuten lang sprudelnd kochen. In Schraubgläser abfüllen.

Mit Hagebutten
Ersetzen Sie die Birnen durch dieselbe Menge Hagebutten. Diese waschen, putzen und zerteilen. Statt Cognac und Gelierzucker nehmen Sie Rotwein und normalen Zucker. Die Masse nach dem Kochen durch ein Sieb streichen und abfüllen.

DAS IST *wirklich* WICHTIG

[a] KURZ DÜNSTEN Achten Sie darauf, dass die Äpfel und Birnen tatsächlich nicht zu lange dünsten, sie sollten noch Biss haben.

[b] AUSREICHEND TEMPERATUR
Um ganz sicher zu sein, dass das eingekochte Kompott haltbar bleibt, sollte das Wasserbad eine Temperatur von etwa 75 °C erlangen.

APFEL-BIRNEN-KOMPOTT
mit Pflaumen

ÄPFEL UND BIRNEN SIND EIN SCHÖNES PAAR, AUCH EINGEKOCHT. HIER BEKOMMEN SIE NOCH EIN OBST ZUR SEITE, DAS GIBT FARBE.

Für 4 – 5 Einmachgläser

- 1 Vanilleschote
- 1,5 kg Äpfel (z. B. Boskoop)
- 3 x 750 ml Wasser
- 3 Zimtstangen
- 3 x 250 g Zucker
- 1,5 kg Birnen
- 1,5 kg Pflaumen oder Zwetschgen

besonderes Werkzeug
- ein großer Kochtopf, in dem alle Einmachgläser stehen können
- 4 – 5 Einmachgläser à 1 l

Zeitbedarf
- 2 Stunden + 3 x 5 – 10 Minuten garen

So geht's

1. Vanilleschote aufschlitzen, Mark herauskratzen, in zwei Portionen teilen. Äpfel waschen, schälen, vierteln, Kerngehäuse entfernen, in Spalten schneiden. 750 ml Wasser mit 1 Zimtstange, 1 Portion Vanillemark und 250 g Zucker zum Kochen bringen. Hitze reduzieren, Äpfel dazugeben und kurz dünsten – sie sollten nicht zu weich werden. Beiseitestellen.
2. Birnen waschen, schälen, vierteln, Kerngehäuse entfernen, in Spalten schneiden. Erneut 750 ml Wasser, Zimt, Vanillemark und Zucker zum Kochen bringen. Hitze reduzieren, Birnen dazugeben, kurz dünsten [→ a].
3. Pflaumen waschen, seitlich aufschneiden, Steine entfernen, halbieren. Pflaumen wie die Äpfel und Birnen mit Zucker und Zimt dünsten, aber ohne Zugabe von Vanille.
4. Einmachgläser auskochen (siehe Seite 12).
5. Das Obst nach Sorten getrennt schichtweise in die Gläser füllen, am Schluss mit Saft, der beim Kochen entstanden ist, auffüllen.
6. In einem großen Topf Wasser zum Kochen bringen. Einmachgläser verschließen und 30 Minuten bei schwacher Hitze in dem Wasserbad simmern lassen [→ b].

Die Varianten

Apfel-Birne
Ohne die Pflaumen bekommt das Apfel-Birnen-Kompott Pfiff, wenn Sie die Äpfel in einer Mischung aus Wasser und Apfelsaft dünsten.

Quitte pur
Quittenkompott wird aus abgeriebenen, gewaschenen, geschälten, geviertelten und entkernten Früchten gemacht. Sie werden mit Zimt in Apfel- oder Orangensaft gedünstet (100 ml Flüssigkeit und 150 g Zucker auf 500 g Früchte). Die Garzeit beträgt in diesem Fall rund 40 Minuten.

EINE GRÖSSERE MENGE MIT LÄNGERER HALTBARKEIT **einzukochen verlangt eine genaue Arbeitsweise: Ein Küchenthermometer oder ein Einkochtopf leisten dabei gute Dienste.**

SIND SO TOLLE FRÜCHTE

Der Retter der alten Quittensorten

ZWEIMAL SOLLTEN BESUCHER KOMMEN, UM DEN ASTHEIMER QUITTENLEHRPFAD IN SEINER GANZEN SCHÖNHEIT ZU ENTDECKEN. IM MAI BLÜHT ES AN DER UNTERFRÄNKISCHEN MAINSCHLEIFE, IM HERBST SIND DIE QUITTEN REIF.

DIE ERSTE BEGEGNUNG mit Marius Wittur geht unspektakulär vonstatten. Auf einer Messeveranstaltung für handwerklich erzeugte Lebensmittel irgendwo in Deutschland steht er hinter einem weißen Tisch. Vor sich ein paar Flaschen und Prospekte. Daneben vielleicht noch eine Papptafel mit einem aufgeklebten Plakat. Aber der Andrang ist immer groß, denn was Wittur anbietet, ist selten: Saft, Wein und Schaumwein aus Quitten.

EIN KAMPF GEGEN DIE VERÖDUNG

Mit den Quitten sei es heute, wie es einstmals mit den Äpfeln war: Dass die Vielfalt eines beliebten Obstes immer geringer wird, bemerken zunächst nur wenige. Als in den siebziger Jahren für Obstbäume Rodungsprämien gezahlt wurden und die Apfelbäume auf den Streuobstwiesen an den Ortsrändern umgesägt, geschah das gleichsam öffentlich. Viele haben das gesehen und sich erregt. So gibt es heute trotz Einfalt im Supermarkt zahlreiche Projekte und Initiativen zum Erhalt lokaler Apfelsorten.

„Quitten haben traditionell fast immer in Hausgärten gestanden", sagt Wittur. Und was auf Nachbars Wiese passiert, ficht andere nicht an. Anders gesagt: Niemand hat das Verschwinden von Quittenbäumen so recht mitbekommen.

EIN HORT ALTER SORTEN

Ende der neunziger Jahre hat Wittur das erste Mal bewusst einen alten, bizarr geformten Quittenbaum gesehen. Heute verdient er mit den Früchten solcher Gewächse einen großen Teil seines Lebensunterhalts. Allemal verdankt er ihnen seine Bekanntheit. Denn Saft und Wein, die er herstellt, haben einen guten Ruf. Die Produktion ist klein und fein, rund 18.000 Flaschen jährlich. In seiner Quittenbaum-Schule veredelt und vermehrt Wittur außerdem alte Gehölze, die er bei Privatleuten entdeckt oder in der freien Natur. 40 Sorten kann er mittlerweile einem ständig größer werdenden Kreis von Interessenten anbieten. Dass es heute so etwas wie eine Renaissance der Quitte gibt, führt Marius Wittur auf Mundpropaganda zurück und darauf, dass seine Lieblingsfrucht einfach phantastisch duftet und schmeckt. Ein Bild davon kann sich machen, wer nach Astheim fährt, nahe Volkach am Main. Der Quittenlehrpfad beginnt am Friedhof, gegenüber der Ortseinfahrt. Was sollten die Besucher mitbringen? Liebe zur Natur, sagt Wittur, und festes Schuhwerk.

GEWÜRZBIRNEN

aromatisch zu Wild und Käse

KARAMELLISIERT UND MIT FEINEN GEWÜRZEN: HIER ZEIGEN SICH BIRNEN MAL SO RICHTIG RAFFINIERT.

Zutaten für 4 Portionen

- 1 TL schwarze Pfefferkörner
- 4 festere Birnen (z. B. Vereinsdechant)
- 20 g Butter
- 2 EL Zucker
- 120 ml weißer Aceto balsamico
- 1 Nelke
- 1 Lorbeerblatt
- 3 EL Sahne

besonderes Werkzeug

- Mörser

Zeitbedarf

- 25 Minuten

So geht's

1. Pfefferkörner im Mörser zerstoßen. Birnen vierteln, schälen, Kerngehäuse entfernen. Fruchtfleisch in kleine Würfel schneiden.
2. In einer beschichteten Pfanne Butter erwärmen. Die Birnen kurz darin andünsten, mit Zucker bestreuen und leicht karamellisieren lassen.
3. Mit dem Balsamico ablöschen, Nelke und Lorbeerblatt dazugeben, dann den zerstoßenen Pfeffer. 3 Minuten köcheln lassen.
4. Die beim Köcheln entstandene Flüssigkeit über ein Sieb in einen zweiten Topf gießen. Flüssigkeit in dem Topf zum Kochen bringen, Birnen in dem Sieb behalten.
5. Sahne zu der Flüssigkeit in dem Topf gießen, alles sirupartig einkochen lassen. Die Birnen wieder dazugeben und alles noch einmal 1 Minute köcheln lassen.

Die Variante

Für süße Speisen
Süße Gewürzbirnen erhält man, indem statt des Aceto balsamico zum Beispiel Süßwein verwendet und auf Lorbeer und Pfeffer verzichtet wird. Etwas aufwändiger ist es, eine Vanilleschote aufzuschneiden, das Mark herauszuschaben und 1 TL Kardamomkörner zu zerstoßen. Ansonsten verfahren wie im Rezept oben, statt des Zuckers 100 g Honig verwenden, 1 Zimtstange und 2 Stück Sternanis mitkochen.

EXPERIMENTIEREN SIE **ruhig und probieren Sie die Gewürzbirnen auch zu Vanilleeis oder einem Sorbet.**

APFELRAGOUT
mit grünen Tomaten

Zutaten für 2 Einmachgläser

- 400 g grüne Äpfel (z. B.Granny Smith)
- 400 g grüne Tomaten (z. B. Mirinda, im guten Obst- und Gemüsehandel)
- 4 Limetten
- 2 Orangen
- 500 g Gelierzucker (1:2)

besonderes Werkzeug
- 2 Einmachgläser à 500 ml

Zeitbedarf
- 20 Minuten + 24 Stunden ruhen

So geht's

1. Die Äpfel waschen, Stiele herausdrehen, mit der Schale auf einer Reibe grob raffeln. In eine Schüssel geben. Die Tomaten waschen, halbieren, Stielansätze entfernen und in Scheiben schneiden. Zu den Äpfeln geben.
2. Limetten und Orangen auspressen, Saft über die Äpfel und Tomaten geben. Den Gelierzucker dazugeben. Alles durchmischen.
3. Die Schüssel abdecken, Mischung im Kühlschrank 24 Stunden ziehen lassen.
4. Nach den 24 Stunden Einmachgläser auskochen (siehe Seite 12). Die Mischung mit dem entstandenen Saft aufkochen und 4 bis 5 Minuten lang einkochen lassen. Die Tomaten sollten noch einen leichten Biss haben.
5. Alles in Gläser abfüllen und kühl aufbewahren.

PASST GUT ZU einem Dessert wie Topfenknödel, aber auch zu mildem Ziegen- oder Schafskäse.

QUITTEN IN WEIN
zu Wild und Desserts

Zutaten für 4 Portionen

- 750 g Quitten
- 750 ml Rotwein
- 100 g Zucker
- 100 g Honig
- 2 Nelken
- ½ Zimtstange
- 2 Sternanis

Zeitbedarf
- 15 Minuten + 20 – 30 Minuten garen

So geht's

1. Quitten mit einem Tuch abreiben, waschen, schälen, vierteln. Kerngehäuse entfernen. In schmale Spalten schneiden.
2. Rotwein mit Zucker, Honig und den Gewürzen aufkochen. Die Quitten dazugeben, bei mittlerer Hitze in 20 bis 30 Minuten weich kochen. Dann herausnehmen und beiseitestellen.
3. Die im Topf verbliebene Flüssigkeit einkochen, bis sie eine sirupartige Konsistenz hat. Bei Bedarf noch Zucker dazugeben. Eingekochten Saft über die Quitten gießen.

IN EINEM VERSCHLOSSENEN GLAS sind die Rotweinquitten im Kühlschrank eine Woche haltbar.

APFELSAUCE
kalt und pikant

Zutaten für 4 Portionen

- 1 rote oder gelbe Paprika
- 150 ml Gemüsebrühe
- 1 EL saure Sahne
- 3 EL Joghurt
- 1 TL Honig
- 1 kleine Zwiebel
- ½ Knoblauchzehe
- 2 feste, säuerlich-süße Äpfel
- 1 kleine Salatgurke
- Salz, Pfeffer aus der Mühle
- Paprikapulver
- 1 EL gehackter Schnittlauch

Zeitbedarf
- 20 Minuten

So geht's

1. Backofen auf 250 °C (Umluft 220 °C) vorheizen oder Grill einschalten. Paprika waschen, putzen, halbieren, mit der Schnittfläche nach unten auf einen Rost setzen und 5 bis 10 Minuten grillen (die Haut darf dabei schwarz werden.)
2. Gemüsebrühe, saure Sahne, Joghurt und Honig vermischen. Zwiebel schälen, halbieren, klein schneiden, dazugeben. Knoblauch schälen und dazupressen.
3. Äpfel und Salatgurke waschen, schälen, entkernen und klein schneiden. Beides zu der Mischung geben.
4. Von der Paprika die Haut abziehen, Paprika in kleine Würfel schneiden, zur Sauce geben. Alles vorsichtig umrühren, mit Pfeffer, Salz und Paprikapulver würzen. Den Schnittlauch darüberstreuen.

KOMMT URSPRÜNGLICH aus Ungarn, passt gut zu Pfannkuchen, auch zu kurz gebratenem Lamm.

APFELSAUCE
mit Senf und Cidre

Zutaten für 250 ml

- 2 Zwiebeln
- 2 süße Äpfel
- 30 g Butter
- 1 TL Zucker
- 2 EL mittelscharfer Senf
- 250 ml Gemüsebrühe
- 250 ml Cidre (ersatzweise Apfelwein)
- 1 EL Honig

besonderes Werkzeug
- Pürierstab

Zeitbedarf
- 25 – 30 Minuten

So geht's

1. Zwiebeln schälen, halbieren und klein schneiden. Die Äpfel schälen, vierteln, Kerngehäuse entfernen, klein schneiden.
2. Die Butter in einem Topf erhitzen. Die Zwiebeln in der Butter glasig werden lassen. Die Äpfel dazugeben, gut umrühren. Den Zucker dazugeben, dann den Senf. Eine Weile schmoren lassen, bis sich ein wenig Saft gebildet hat.
3. Gemüsebrühe und Cidre dazugeben, aufkochen und auf die halbe Menge einkochen lassen.
4. Die Soße mit Honig abschmecken und nach Belieben noch ein wenig Senf oder einen Löffel Cidre hinzufügen. Pürieren.

PASST GUT ZU Fischgerichten und hellem Fleisch.

APFELCHUTNEY

lecker zu Gegrilltem

DIE WÜRZIG-FEURIGE BEIGABE ZU HERZHAFTEN GERICHTEN.
DIE SCHÄRFE BESTIMMEN SIE SELBST, JE NACH GUSTO.

Zutaten für 4 Einmachgläser

- 1 kg saure Äpfel (z. B. Boskoop oder Elstar)
- 250 g Zwiebeln
- 2 rote Paprikaschoten
- 2 EL Öl
- 300 g brauner Zucker
- ¼ l Apfelessig
- 1 TL Salz
- 1 Tl schwarze Pfefferkörner
- ½ TL Senfkörner
- 1 TL geriebene Ingwerwurzel
- 1 Msp. Cayennepfeffer

besonderes Werkzeug

- 4 Einmachgläser à 500 ml

Zeitbedarf

- 1 Stunde + 40 Minuten garen

So geht's

1. Äpfel schälen, vom Kerngehäuse befreien und in kleine Stücke schneiden. Die Zwiebeln schälen die Paprikaschoten waschen und alles grob hacken **[→ a]**.
2. Die Zwiebeln in Öl glasig werden lassen, anschließend 100 g Zucker darin karamellisieren. Danach mit dem Apfelessig ablöschen.
3. Jetzt die Apfelstücke und alle anderen Zutaten dazugeben und bei mittlerer Hitze etwa 30 Minuten einkochen lassen **[→ b]**.
4. Die eingedickte Masse heiß in die sauber gespülten Einmachgläser füllen und verschließen. Gläser auf den Kopf stellen und abkühlen lassen.

DIE SCHÄRFE **dieses pikanten Apfelchutneys regulieren Sie, indem Sie nach Geschmack mehr oder weniger Cayennepfeffer oder auch Chillipulver dazugeben.**

DAS IST *wirklich* WICHTIG

[a] PAPRIKASCHOTEN VERARBEITEN Von den Paprikaschoten auch die Kerne verwenden, da in ihnen die Schärfe sitzt.

[b] KONSISTENZ Die Apfelstücke müssen gut eingekocht sein, falls nötig mit dem Stampfer die noch festen Stücke zerkleinern.

DAS IST *wirklich* WICHTIG

[a] QUITTEN PUTZEN Die Quitten unbedingt vor dem Waschen abreiben, sonst lösen sich die pelzigen Härchen auf den Früchten nicht.

[b] QUITTEN SCHNEIDEN Zerteilen Sie die doch recht harten Früchte in zwei Schritten: Erst mit einem großen Küchenmesser in Viertel teilen, dann mit einem kleinen Obstmesser weiterverarbeiten. Das Kerngehäuse kann man auch mit einem scharfkantigen Löffel heraushebeln.

[c] HÖHE DER MASSE Die Quittenmasse nicht dicker als 2 bis 4 Zentimeter auf das Blech streichen, sonst dauert es zu lange, bis sie trocken ist.

[d] SCHNELLER TROCKEN ist die Masse, wenn Sie das Blech für 3 bis 8 Stunden bei 60 °C in den Ofen stellen.

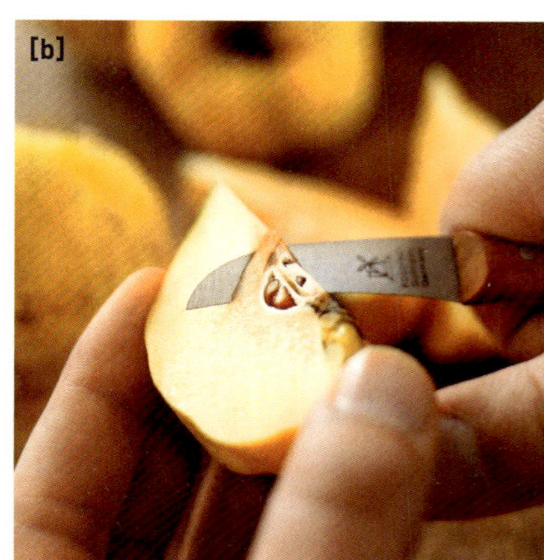

QUITTENKONFEKT

oder „Quittenbrot"

ERST WIRD GEKOCHT, DANN GETROCKNET UND DANN AUSGESTOCHEN. DAS BRAUCHT ETWAS ZEIT UND GEDULD, ABER DAS ERGEBNIS IST KÖSTLICH.

Zutaten für 1 Backblech

- 2 kg Quitten
- 280 g Zucker
- 1 l Wasser
- 200 g Birnendicksaft (ersatzweise Apfeldicksaft)
- Saft von 1 Zitrone (ca. 50 ml)

besonderes Werkzeug

- Pürierstab
- evtl. Plätzchenformen
- Aufbewahrungsdosen

Zeitbedarf

- 60 Minuten + 24 Stunden trocknen

So geht's

1. Quitten mit einem trockenen Tuch abreiben und waschen [→ a]. Schälen, vierteln, Kerngehäuse entfernen und in Stücke schneiden [→ b] Mit 80 g Zucker in dem Wasser weich kochen, dann pürieren.
2. Dieses Quittenpüree mit dem Birnendicksaft, den restlichen 200 g Zucker und dem Zitronensaft bei mittlerer Hitze aufkochen. Dabei ständig rühren, bis sich die Masse vom Topfboden zu lösen beginnt und eine Konsistenz wie Kartoffelbrei erlangt hat.
3. Ein Backblech mit Backpapier auslegen. Die Quittenmasse gleichmäßig auf dem Blech verstreichen [→ c]. Auskühlen lassen und 2 Tage trocknen lassen [→ d].
4. Die getrocknete Quittenmasse mit Plätzchenformen ausstechen oder sie mit einem scharfen Messer in Würfel oder Rauten schneiden.
5. Lagenweise, mit Backpapier getrennt, in Vorratsdosen schichten.

Die Variante

Aus Marmelade
Wer Zeit und Aufwand sparen möchten, kann eine Quittenmarmelade kochen und von der Masse etwas abzweigen für Quittenkonfekt. Die Früchte wie beschrieben zu Püree verarbeiten. Dieses Püree im Verhältnis 1:1 mit Gelierzucker einkochen, so entsteht die Marmelade. Die Hälfte in Gläser füllen, die andere auf ein Backblech streichen und trocknen lassen, bis sie fest geworden ist, dann ausstechen. Für eine Quitten-Birnen-Marmelade die Hälfte der Quitten durch Birnen ersetzen und zusätzlich 2 EL Birnengeist dazugeben.

EINE NASCHEREI **für echte Süßmäuler ist dieses Quittenkonfekt. Wer es doch lieber etwas herber mag, verwendet nur die halbe Menge Zucker.**

APFELLIKÖR
etwas für Geduldige

APFELLIKÖR HERZUSTELLEN IST NICHT SCHWIERIG, BRAUCHT ABER ZEIT: BIS ER FERTIG IST, VERGEHEN MEHRERE WOCHEN.

Zutaten für ca. 1,5 Liter

- 1,2 kg möglichst vollsüße Bio-Äpfel (z. B. Jonagold)
- 2 Gewürznelken
- ½ Zimtstange
- 1 – 2 cm geschälte Ingwerwurzel
- 1 l klarer Schnaps (40 % Vol., ersatzweise hochwertiger Apfelbranntwein)
- evtl. 250 g Zucker zum Nachsüßen
- evtl. 500 ml Wasser zum Nachsüßen

besonderes Werkzeug
- fest verschließbare Flaschen
- Filterpapier oder Mulltuch

Zeitbedarf
- 30 Minuten + 4 – 12 Wochen lagern

So geht's

1. Die Äpfel waschen, halbieren und vierteln. Kerngehäuse entfernen. Äpfel in kleine Stücke schneiden. Der Geschmack des Likörs kommt wesentlich von den Apfelschalen, Früchte daher auf keinen Fall schälen **[→ a]**.
2. Ein oder mehrere verschließbare Glasgefäße auskochen (siehe Seite 12.) Die Apfelstücke zusammen mit den Gewürznelken, Zimt und Ingwer hineingeben. Den Schnaps dazugießen.
3. Gefäße verschließen und etwa 4 Wochen lagern **[→ b]**.
4. Nach dieser Zeit die Flüssigkeit durch Filterpapier oder ein Mulltuch gießen und kosten. Ist sie zu säuerlich, Zucker mit dem Wasser kurz aufkochen und dazugeben. Alles in ausgekochte Flaschen füllen und nochmals einige Wochen reifen lassen **[→ c]**.

APFELLIKÖR lässt sich auch gut für Desserts verwenden, etwa um ein Kompott zu verfeinern.

DAS IST *wirklich* WICHTIG

[a] BIO-ÄPFEL Da die Äpfel mit der Schale verarbeitet werden, achten Sie beim Einkauf darauf, unbehandelte und voll ausgereifte Ware auszuwählen.

[b] FLASCHEN LAGERN Die Flüssigkeit an einem dunklen, aber nicht zu kühlen Ort lagern, zum Beispiel in der Speisekammer.

[c] ABRUNDEN Ist der Likör zu stark geworden, kann er mit Wasser verdünnt werden. Erscheint er zu schwach, klaren Schnaps nachgießen.

RASCH FERTIG

Das wird einfach gut

GEKOCHT, GEBACKEN, GEBRATEN. LAUTER GUTE IDEEN. FÜR TAGE, AN DENEN OHNE ALLZU VIEL AUFWAND ETWAS GUTES AUF DEN TISCH KOMMEN SOLL.

[a]

DAS IST *wirklich* WICHTIG

[a] TEIG-KONSISTENZ Der Quark macht den Teig zart und duftig, manchmal aber auch etwas zu feucht. Sollte er kleben, noch Mehl dazugeben.

[b] FLÜSSIGKEIT Achten Sie darauf, dass die Rosinen-Apfel-Mischung nicht zu viel Saft gezogen hat, eventuell in ein Sieb geben

[c] TASCHEN VERSCHLIESSEN Die Ränder der zusammengefalteten Apfeltaschen gut festdrücken, am besten mit einer Gabel.

[b]

APFELTASCHEN
mit Zimt und Rosinen

VORSICHT, SUCHTGEFAHR: WER DIESE APFELTASCHEN EINMAL AUF DEN TISCH GEBRACHT HAT, MUSS SIE IMMER WIEDER BACKEN!

Zutaten für ca. 10 Taschen

Für den Teig

- 400 g Mehl
- 40 g Zucker
- 20 g frische Hefe
- 200 ml Milch
- 1 Ei
- 1 Msp. Salz
- 40 g Butter
- 3 gehäufte EL Magerquark

- 50 g Rosinen
- 3 EL Rum
- 400 g feste, aromatische Äpfel (z. B. Elstar)
- 1 EL Zitronensaft
- 1 TL Zucker
- 1 Msp. Zimt
- Butter für die Pfanne

Zeitbedarf

- 30 Minuten + 20 Minuten ruhen + 15 Minuten backen

So geht's

1. In einer Schüssel Mehl und Zucker mischen, zerkrümelte Hefe dazugeben. Die Milch erwärmen und dazugießen, dann das Ei und das Salz in die Schüssel geben. Durchkneten. Butter und Magerquark dazugeben und mit den Händen so lange kneten, bis sich der Teig von der Schüssel zu lösen beginnt **[→ a]**.
2. Den Teig abdecken und 20 Minuten ruhen lassen. Währenddessen die Rosinen im Rum ziehen lassen **[→ b]**.
3. Äpfel waschen, schälen, vierteln, vom Kerngehäuse befreien, würfeln. Zitronensaft, Zucker, Zimt und die mit Rum getränkten Rosinen dazugeben und vermischen. In einer Pfanne etwas Butter erhitzen und die Apfelmischung 10 Minuten dünsten.
4. Backofen auf 220 °C (Umluft 200 °C) vorheizen. Backblech mit Backpapier auslegen.
5. Den Teig ausrollen und in etwa 10 x 10 cm große Vierecke zerschneiden. In die Mitte der Vierecke jeweils etwas von den gedünsteten Äpfeln geben, die Teigstücke zu Dreiecken zusammenklappen und die Ränder zusammendrücken **[→ c]**. Rund 15 Minuten backen, bis sie goldgelb sind.

BESTREICHEN lassen sich die gebackenen Apfeltaschen mit einer Mischung aus Zitronensaft und Puderzucker, das muss aber nicht sein.

BIRNEN-BROWNIES
mit Nüssen und Schokolade

DER CLOU DIESER KLEINEN SAFTIGEN KUCHEN-KLASSIKER AUS DEN USA IST DIE BERÜHMTE CREMIGE SCHOKOFÜLLUNG.

Zutaten für 10 Brownies

- 1,5 kg reife, weiche Birnen (z. B. Williams Christ oder Gellerts Butterbirne)
- 200 g Zartbitterschokolade
- 250 g Butter
- 250 g Zucker
- 1 Prise Salz
- 4 Eier
- 180 g Mehl
- 2 TL Backpulver
- 200 g gehackte Haselnüsse
- 20 g Kakao
- 4 EL Milch
- Butter zum Einfetten
- 100 g Aprikosenkonfitüre
- 5 EL Schokoladensauce aus der Flasche

Zeitbedarf

- 45 Minuten + 35 Minuten backen

So geht's

1. Die Birnen schälen, vom Kerngehäuse befreien und in gleichmäßige Viertel schneiden.
2. Die Schokolade fein hacken und in einem heißen Wasserbad langsam zergehen lassen [→ a]. Ofen auf 190 °C (Umluft 170 °C) vorheizen.
3. Butter, Zucker und Salz cremig schlagen und die Eier nach und nach unterrühren. Dazu Mehl, Backpulver, gehackte Haselnüsse und Kakao geben und das Ganze mit der Milch vermengen. In die cremige Masse wird nun die Schokolade eingerührt.
4. Den fertigen Teig auf ein gefettetes Backblech streichen [→ b] und mit den Birnenvierteln belegen. Den Kuchen rund 35 Minuten backen lassen [→ c].
5. Die Aprikosenkonfitüre in einem Topf leicht erwärmen und damit den Kuchen glasieren. Mit der Schokoladensauce den Kuchen verzieren und in etwa 10 Stücke teilen.

DIE BIRNEN sollten relativ reif und entsprechend weich sein, damit die Brownies schön saftig werden.

DAS IST *wirklich* WICHTIG

[a] GUTE SCHOKOLADE Bitte keine billige Schokolade verwenden, sie ist der primäre Geschmacksträger in diesen Brownies.

[b] HÖHE Die Teigmasse 2 bis 3 cm hoch auf dem Backblech verteilen, ansonsten werden die Brownies zu trocken oder sie backen nicht durch.

[c] BACKZEIT Die Backzeit lieber einige Minuten unter- als überschreiten, Brownies müssen in der Mitte feucht und cremig-weich sein.

OPTIK DER BIRNEN Damit die Birnen nicht anlaufen, kann man sie mit einigen Topfen Zitronensaft beträufeln.

APFELKUCHEN
Versunken

APFELSPALTEN TAUCHEN TIEF EIN IN DEN TEIG: EIN KLASSISCHER RÜHRKUCHEN, BESONDERS SCHNELL UND UNKOMPLIZIERT HERZUSTELLEN

Zutaten für 1 Backblech

- 7 mittelgroße Äpfel (etwa 2 kg, z. B. Gravensteiner)
- Saft von 1 Zitrone
- 500 g Mehl
- 1 Päckchen Backpulver
- 4 Bio-Eier
- 250 g Butter
- 200 g Zucker
- 1 Msp. Salz
- 125 ml Milch
- Butter zum Einfetten

Zeitbedarf

- 30 Minuten + 50 – 60 Minuten backen

So geht's

1. Backofen auf 180 °C (Umluft 160 °C) vorheizen. Die Äpfel schälen, vierteln und das Kerngehäuse entfernen. Apfel-Viertel mit einem Messer einschneiden, sodass Spalten entstehen, aber die Viertel nicht durchgeschnitten werden. Früchte mit Zitronensaft beträufeln, damit sie nicht braun werden.
2. Mehl mit dem Backpulver vermengen. Die Eier trennen. Die Butter behutsam schmelzen, nicht zu heiß werden lassen.
3. Geschmolzene Butter mit dem Zucker schaumig rühren. Die Eigelbe dazugeben, dann das Mehl, Salz und die Milch. Es soll ein schwer fließender Teig entstehen **[→ a]**.
4. Eiweiß steif schlagen und unter den Teig heben. Backblech einfetten oder mit Backpapier auslegen. Teig darauf verteilen.
5. Apfelviertel mit der eingeschnittenen Fläche nach oben in den Teig setzen, bis sie gut eingesunken sind. 50 bis 60 Minuten backen **[→ b]**.

PUDERZUCKER UND SAHNE **Vor dem Servieren können Sie den Kuchen noch fein mit Puderzucker bestäuben und natürlich schmeckt er mit einem Klacks geschlagener Sahne gleich noch mal so gut.**

[a]

DAS IST *wirklich* WICHTIG

[a] TEIG-KONSISTENZ Um zu sehen, ob der Teig die richtige Konsistenz hat, mit einem Kochlöffel hineinfahren, den Löffel hochheben. Wenn der Teig wie widerwillig abfließt, ist er in Ordnung.

[b] GARPROBE Während der Backzeit die Garprobe machen: Mit einer Gabel in die Mitte des Kuchens stechen. Wenn an den Zinken nichts hängenbleibt, ist er fertig.

[b]

DIE BIRNE

eine anspruchsvolle Frucht

DER VERGLEICH MIT DEN ÄPFELN FUNKTIONIERT TATSÄCHLICH NICHT: BIRNEN SIND WENIGER FROSTSICHER, SCHWER ZU ERNTEN UND ZU LAGERN – DAS ERGEBNIS LOHNT SICH ABER ALLEMAL.

HEUTE WERDEN DIE BIRNENSORTEN WELTWEIT auf rund 5.000 geschätzt, doch das für den Handel in Deutschland relevante Sortiment beschränkt sich auf wenige Namen, die aus Züchtungen vorwiegend aus dem 18. und 19. Jahrhundert stammen. In der Beliebtheitsskala vorn rangieren nach wie vor die Birnenklassiker Alexander Lucas, Conference und Williams Christ, das sind auch die wichtigsten Sorten im deutschen Birnenanbau. Und der setzt vermehrt auf naturnahe und biologische Aufzucht.

HEIMISCHER BIRNENANBAU – EINE HEIKLE SACHE

Die steigende Nachfrage nach ökologisch angebauten Birnen, allen voran der schmackhaften Sorte Conference, kann aus dem Inland derzeit nicht gedeckt werden, sodass Importe noch immer eine wichtige Rolle spielen. Hauptlieferländer sind Italien, Frankreich, Belgien, Spanien, Südafrika, Argentinien und Chile. Während beim Apfel immer mehr Sorten auf heimischen Obstwiesen rekultiviert werden, findet die Birne nur langsam den Weg zurück in den regionalen deutschen Obstanbau. Durch die frühe Blüte Mitte April sind Birnen, im Gegensatz zu den meisten Apfelsorten, besonders anfällig gegen Spätfrost. Je nach Sorte beginnt die Erntezeit der Birnen im August und endet im Laufe des Oktobers.

Reife Birnen haben eine sehr empfindliche Schale. Vollreife und damit weiche Früchte können nicht ohne Druckstellen geerntet werden. Das sieht nicht nur unappetitlich aus, es beschleunigt auch die Fäulnis. Daher kommen Birnen meist unreif in den Handel.

BIRNEN RICHTIG KAUFEN UND LAGERN

Achten Sie beim Einkauf also immer auf die Härte der Birnen, denn an der Farbe der Schale ist ihr Reifegrad kaum zu erkennen. Die meisten Birnen ändern ihre Farbe nicht, während sie reifen. Ausgenommen etwa die Williams-Christ-Birne, sie wechselt von Grün zu Gelb. Da die Früchte von innen nach außen reifen, fühlt sich die Schale meist fester an, als das Fruchtfleisch tatsächlich ist. Aromatische, ausgereifte Birnen erkennt man am besten daran, dass sie auf leichten Daumendruck am Stielende etwas nachgeben. Die handelsüblichen unreifen Birnen können bei Raumtemperatur mehrere Tage nachreifen. Gibt man zwischen die gelagerten Birnen einige Äpfel, beschleunigt das von den Äpfeln ausströmende Ethylen diesen Prozess. Reife Birnen können bei relativ kühler Lagerung im Kühlschrank oder im Keller bis zu einer Woche aufbewahrt werden. Natürlich sind reife und butterweiche Früchte saftiger und eignen sich daher besser für den rohen Verzehr. Zum Kochen und Backen sollte man allerdings etwas festere Birnen nehmen, damit sie unter der Hitze ihre Konsistenz besser halten und nicht zu Brei zerfallen.

BIRNENSORTEN

Diese Birnensorten werden in Deutschland am liebsten verzehrt und werden auch überall im Handel angeboten.

Alexander Lucas	Diese Birnensorte wurde 1870 von Alexander Lucas in Frankreich entdeckt. Sie zeigt eine gleichmäßige Form, ist relativ groß, schmeckt süß und ist sehr saftig. Genussreif sind die Birnen ab Oktober und können bis Dezember gelagert werden.
Charneux	Die kegelförmige Birne hat eine dünne Schale und kann im Keller bis November, im Kühllager sogar bis Januar gelagert werden.
Clapps Liebling	Die gelbgrüne bis sattgelbe Birne hat eine glatte, matte und harte Schale. Der Geschmack ist feinsäuerlich-süß.
Conference	Die flaschenförmig-längliche Tafelbirne wird Mitte September geerntet und ist ab Oktober genussreif. Ihr aromatisches Fruchtfleisch schmeckt saftig-süß, begleitet von fein-würzigen Noten. Lässt sich kühl mehrere Monate lagern und eignet sich als Tafelobst genauso wie zur Verarbeitung in der Küche.

Gellerts Butterbirne	Die von September bis Ende Oktober haltbare Birne wurde 1820 in Frankreich gezüchtet. Sie schmeckt süß mit weinsäuerlichem Aroma und ist sehr saftig.
Stuttgarter Geißhirtle	Die aus Stuttgart stammende Birne ähnelt in ihrem Aussehen einer Glocke und eignet sich bestens zum Einkochen. Die Sorte ist schon ab Mitte August reif, jedoch ist sie auch bei kühler Lagerung nur relativ kurz haltbar.
Vereinsdechant	Die im November reife Birne schmeckt süß und würzig zugleich, ihr Fruchtfleisch ist sehr saftig und fein. Sie ähnelt in ihrer Form einem Apfel.
Williams Christ	Ihr Name geht auf die Baumschule Williams in London zurück. Die Birne hat eine gelb-grünliche Schale und ein saftiges Fruchtfleisch mit angenehmer Säure. Pflückreif ist sie Ende August bis Mitte September. Vorwiegend als Tafelobst beliebt, eignet diese Sorte sich auch bestens als Einmachfrucht. Kühl gelagert ist die Birne bis zu drei Monate haltbar.

WAFFELN *herzhaft gebacken*

Zutaten für 4 Portionen

- 4 Stangen Lauch
- 200 g Kartoffeln
- 2 EL geriebener Emmentaler
- 1 Ei
- 4 TL Sahne
- 1 EL Kartoffelstärke (ersatzweise Weizenmehl)
- Salz, Pfeffer aus der Mühle
- Muskatnuss
- 2 EL saure Sahne
- 1 TL gehackte Kräuter (z. B. Petersilie, Schnittlauch)
- 1 Knoblauchzehe
- 1 EL Weißwein
- 200 g Apfelmus (siehe Seite 14)

besonderes Werkzeug
- Waffeleisen

Zeitbedarf
- 20 Minuten

So geht's

1. Von den Lauchstangen die grünen Enden und Wurzeln abschneiden, äußere Blätter abziehen. Stangen längs durchschneiden, waschen. In dünne Streifen schneiden. Für zwei Minuten in kochendes Wasser geben, herausnehmen und gut abtropfen lassen.
2. Kartoffeln waschen, schälen, reiben. Mit Lauch, Käse, Ei, Sahne und Stärke mischen. Mit Salz, Pfeffer und Muskat würzen.
3. Für die Sauce Knoblauch hacken, salzen, mit der Gabel zerdrücken. Aus Sauerrahm, Kräutern, Weißwein und Knoblauch eine Soße rühren, mit Salz, Pfeffer und Muskat abschmecken.
4. Aus dem Kartoffelteig im Waffeleisen nacheinander Waffeln backen. Mit der Sauce und dem Apfelmus servieren.

BIRNENAUFLAUF *mit Quark*

Zutaten für 4 Portionen

- 1 kg vollreife, saftige Birnen
- 2 unbehandelte Zitronen
- 4 EL Birnenschnaps
- 4 Eigelb
- 500 g Speisequark
- 2 EL Vanillepudding-Pulver
- 4 Eiweiß
- 50 g Zucker
- Butter für die Form

Zeitbedarf
- 30 Minuten + 45 Minuten backen

So geht's

1. Birnen schälen, vom Kerngehäuse befreien und in längliche Scheiben schneiden. Eine der Zitronen auspressen. In dem Saft die Birnenscheiben wenden. Anschließend mit Birnenschnaps beträufeln und einige Minuten ziehen lassen.
2. Ofen auf 200 °C (Umluft 180 °C) vorheizen. Die Eigelbe mit dem Quark vermischen. Etwas Schale von der zweiten Zitrone dünn abreiben. Mit dem Pudding-Pulver zu dem Quark geben. Zu einer glatten Creme schlagen.
3. Eiweiß zu Eischnee schlagen, dabei langsam den Zucker einrieseln lassen. Den Eischnee vorsichtig unter die Quarkmasse heben. Die Birnenscheiben dazugeben. Die Masse in eine gefettete Backform füllen. Etwa 45 Minuten backen.

KARTOFFELGRATIN *mit Äpfeln*

Zutaten für 4 Portionen

- 350 g vorwiegend festkochende Kartoffeln
- 350 g Äpfel
- 1 kleine Stange Lauch
- 1 Knoblauchzehe
- Öl für die Pfanne
- 250 ml Sahne
- 2 Eier
- 100 g geriebener Käse
- Salz, Pfeffer aus der Mühle
- Muskatnuss
- Butter für die Form und für Butterflöckchen

besonderes Werkzeug

- Auflaufform (ca. 35 x 25 cm)

Zeitbedarf

- 30 Minuten + 50 Minuten garen

So geht's

1. Die Kartoffeln waschen, schälen, halbieren. Äpfel waschen, schälen, vierteln, Kerngehäuse entfernen. Beides in 2 cm dicke Spalten schneiden. Vom Lauch die grünen Enden und Strunk abschneiden. Halbieren, waschen, in Ringe schneiden. Knoblauch schälen, hacken, mit Salz zerdrücken.
2. Lauch und Knoblauch in Öl anschwitzen. Backofen auf 180 °C (Umluft 160 °C) vorheizen.
3. Sahne in eine Schüssel geben, Eier dazugeben. Verquirlen, geriebenen Käse untermischen, mit Salz, Pfeffer und Muskat würzen.
4. Eine Auflaufform fetten. Die Kartoffeln, die Äpfel und den Lauch abwechselnd in die Form schichten. Mit der Sahne-Käse-Masse übergießen.
5. Butterflöckchen auf dem Gratin verteilen und etwa 50 Minuten auf mittlerer Schiene backen.

Die Variante

Mit Kürbis
Mit Kürbis anstelle des Lauchs wird das Gratin fruchtiger. Nur mit Äpfeln und Kürbis zubereitet verkürzt sich die Garzeit auf 20 Minuten. Verwenden Sie Hokkaido-Kürbis, der nicht geschält werden muss. Anstatt der Sahne-Käse-Masse 200 g Ziegenfrischkäse mit 2 EL Honig glattrühren und über Kürbis und Äpfel geben. Ein wenig Rosmarin darüberstreuen.

WER FETT SPAREN möchte, kann bedenkenlos die Sahne gegen Milch austauschen.

ZU HELL Erscheint Ihnen die Farbe des Gratins nach Ende der Backzeit noch zu hell, können Sie für 3 Minuten die Grillfunktion im Ofen zuschalten und so die Oberfläche noch etwas bräunen.

TORTE BIRNE HELENE
für die Kaffeetafel

EINE RUNDE SACHE: VERFEINERT MIT SÜSSER UND SAURER SAHNE, BIRNEN UND VANILLE, ZAUBERN SIE HIER EINEN KLASSIKER.

Zutaten für eine Torte

- 150 g Zartbitter-Kuvertüre
- 100 g Butter
- 125 g Zucker
- 4 Eier
- 250 g Mehl
- 2 TL Backpulver
- Butter für die Form
- 6 Blatt Gelatine
- Mark von 1 Vanilleschote
- 500 g saure Sahne
- 700 g Sahne
- 3 Päckchen Vanillezucker
- 6 aromatische, weiche Birnen (z. B. Conference)
- 100 g Schoko-Raspeln
- Sahne für den Spritzbeutel

besonderes Werkzeug

- 1 Springform (Ø 26 cm)
- 1 Spritzbeutel

Zeitbedarf

- 1 Stunde 45 Minuten + 35 Minuten backen + 7 Stunden ruhen

So geht's

1. Die Kuvertüre in kleine Stücke brechen und in einem kleinen Topf langsam zum Schmelzen bringen.
2. Ofen auf 200 °C (Umluft 180 °C) vorheizen. In einem kleinen Topf bei schwacher Hitze die Butter erwärmen, dann in einer Schüssel mit dem Zucker zu einer cremigen Masse verrühren. Nach und nach die Eier einzeln unterrühren und die lauwarme Kuvertüre dazugeben.
3. Das Mehl mit dem Backpulver vermischen und in die Masse unterrühren. Das Ganze zu einem glatten Teig verkneten.
4. Den Teig in einer gefetteten Springform gleichmäßig verteilen und etwa 35 Minuten backen. Danach den Tortenboden abkühlen lassen, aus der Form nehmen und anschließend einmal waagerecht durchschneiden.
5. Gelatine in kaltem Wasser kurz einweichen, nicht ausdrücken. Vanillemark in die saure Sahne einrühren. Die Gelatine aus dem Wasser heben und in dieser Creme gleichmäßig verrühren, anschließend kalt stellen.
6. Sahne steif schlagen und mit Vanillezucker abschmecken, anschließend unter die kalte Creme heben [→ a].
7. Eine Hälfte des Tortenbodens wieder in die Springform legen, dünn mit der Creme bestreichen. Die Birnen schälen, vierteln, Kerngehäuse entfernen und auf der Creme verteilen. Danach die Form mit der Creme bis zum Rand beffüllen, glatt streichen und mit dem zweiten Tortenboden bedecken.
8. Die fertige Torte in der Form am besten eine Nacht kalt stellen [→ b]. Dann mit den Schoko-Raspeln und Sahne aus dem Spritzbeutel nach Belieben verzieren. Fertige Torte aus der Form heben und auf eine Platte setzen.

DAS IST *wirklich* WICHTIG

[a] TRAGFÄHIGE CREME Die Creme muss ausreichend steif sein, damit sie den Tortendeckel trägt.

[b] LANGE RUHEZEIT Torte unbedingt einige Stunden abkühlen lassen, damit sie eine feste Konsistenz annimmt und besser geschnitten werden kann.

[c]

DAS IST *wirklich* WICHTIG

[a] ROSINEN TRÄNKEN Rosinen werden umso schmackhafter, je länger sie eingeweicht werden.

[b] VOLLKORNMEHL Vollkornmehl ist ein wenig anders zu verarbeiten als höher ausgemahlenes. Wenn der Streuselteig zu trocken erscheint, noch Öl dazugeben, wenn er zu flüssig ist, noch Mehl.

[c] OBERFLÄCHE Die Streusel sollen die Obstmasse abdecken, aber nicht vollständig zudecken. Das Verhältnis stimmt, wenn die Früchte noch stellenweise zu sehen sind.

[b]

APFEL-CRUMBLE *very British*

EIN BELIEBTES ÜPPIGES DESSERT NACH EINEM LEICHTEN ESSEN, HIER IN DER VOLLWERT-VARIANTE

Zutaten für 4 Portionen

- 50 g Rosinen
- 100 ml Weißwein
- 4 große Äpfel (z. B. Boskoop oder Cox Orange)
- 60 ml Zitronensaft
- 4 EL Honig
- 6 EL Weizenvollkornmehl
- 200 g Haferflocken
- ½ TL Zimt
- 1 Prise Salz
- 2 EL Öl
- Butter für die Form

besonderes Werkzeug

- mittelgroße Auflaufform (ca. 35 x 25 cm)

Zeitbedarf

- 30 Minuten + 40 Minuten backen

So geht's

1. Rosinen in dem Weißwein einweichen [→ a]. Backofen auf 180 °C (Umluft 160 °C) vorheizen.
2. Äpfel waschen, schälen und entkernen, Kerngehäuse entfernen. Grob reiben oder sehr fein würfeln. Den Zitronensaft mit 2 EL von dem Honig vermischen und diese Mischung über die Äpfel geben. 10 Minuten ziehen lassen, dann die abgetropften Rosinen dazugeben, noch einmal durchmischen, abdecken und ruhen lassen.
3. Für die Streusel Mehl, Haferflocken, Zimt, Salz und die restlichen 2 EL Honig in einer Schüssel mischen. Das Öl dazugeben und mit den Händen alles zu einem krümeligen Teig verarbeiten [→ b].
4. Die Auflaufform gut einfetten und die Apfel-Rosinen-Mischung einfüllen.
5. Durch Aneinanderreiben der Handflächen Teig-Streusel formen und über die Mischung streuen [→ c]. 40 Minuten backen.

Die Varianten

Klassisch
Anstatt mit Haferflocken lassen sich die Streusel auch ganz klassisch zubereiten: aus 100 g Mehl, 50 g Butter und 50 g Honig oder Zucker.

Alkoholfrei
Die Rosinen schmecken auch gut, wenn sie in Apfel- oder Traubensaft eingeweicht worden sind.

VANILLEEIS **oder auch Vanillesauce schmecken als Begleiter zu diesem knackigen Crumble besonders lecker.**

[b]

DAS IST *wirklich* WICHTIG

[a] GUT EINFETTEN Die Auflaufform nicht zu dünn einfetten, sonst brennt die Sauce ein.

[b] STANDHAFTE ÄPFEL Damit die Äpfel in der Backform nicht herumrollen, schneiden Sie am unteren Ende eine dünne Scheibe ab.

[c] BACKEN Die Form auf der mittleren Schiene backen, bei zu starker Hitze von oben werden die Mandeln schwarz und bitter.

[a]

APRIKOSENÄPFEL
mit Mandeln und Sahne

BRATÄPFEL EINMAL ANDERS, AUSPROBIEREN LOHNT SICH. MIT APRIKOSEN BEKOMMT DAS HERBSTGERICHT EINE SOMMERLICHE NOTE.

Zutaten für 4 Portionen

- 4–6 große Äpfel (z. B. Boskoop)
- Saft von ½ Zitrone
- 2 gestr. EL Zucker
- 1 Dose Aprikosen (Abtropfgewicht 400 g)
- 4 EL Honig
- 50 ml Weißwein
- 60 g Mandelsplitter
- ¼ l Sahne
- Butter für die Form

besonderes Werkzeug
- Apfelausstecher
- Auflaufform
- Pürierstab

Zeitbedarf
- 20 Minuten + 40 Minuten backen

So geht's

1. Backofen auf 250 °C (Umluft 220 °C) vorheizen. Die Äpfel schälen, dabei ganz belassen. Mit einem Apfelausstecher die Kerngehäuse entfernen. Äpfel mit dem Zitronensaft begießen, damit sie nicht braun werden, mit Zucker bestreuen. Eine Auflaufform fetten **[→ a]**, die Äpfel hineinsetzen **[→ b]**. Die Form beiseitestellen.
2. Aprikosen mit der Hälfte des Saftes aus der Dose und dem Honig pürieren.
3. Die andere Hälfte des Aprikosen-Saftes mit dem Weißwein auf die Hälfte der ursprünglichen Menge reduzierend einkochen. Diese Saft-Wein-Mischung zu den pürierten Aprikosen geben, gut verrühren.
4. Die Masse in die Äpfel füllen, den Rest auf den Äpfeln verteilen. Die Mandelsplitter darüberstreuen. Form in den Ofen schieben, 40 Minuten backen **[→ c]**.
5. Die Sahne steif schlagen. Die heißen Aprikosenäpfel mit jeweils einem Klecks Schlagsahne anrichten.

Die Variante

Aprikosen
Anstelle der Dosenfrüchte lässt sich auch Aprikosenkompott verwenden. Am besten schmeckt es selbst gekocht. Oder man nimmt Trockenaprikosen, die in Wasser eingelegt und dann verarbeitet werden.

ALS SÜSSES MITTAGESSEN eignen sich diese Aprikosenäpfel sehr gut. Und vorher vielleicht eine pikante Suppe?

MÖHRENSUPPE *mit Äpfeln*

Zutaten für 4 Portionen

- 300 g Möhren
- 2 mittelgroße, süß-säuerliche Äpfel (z. B. Cox Orange)
- 1 Zwiebel
- 1 Knoblauchzehe
- Meersalz
- 3 TL Öl für die Pfanne
- 750 ml Gemüsebrühe
- 100 ml Milch
- 2 EL Crème fraîche
- ¼ TL Kurkuma
- ¼ TL Koriander
- 1 EL Zitronensaft
- 1 EL Honig
- Pfeffer aus der Mühle

Zeitbedarf

- 10 Minuten + 20 Minuten garen

So geht's

1. Möhren waschen, schälen, in etwa 2 cm dicke Stücke schneiden. Äpfel schälen, vierteln, Kerngehäuse entfernen, klein schneiden. Die Zwiebel schälen und hacken. Den Knoblauch schälen, hacken, mit Salz bestreuen und mit einer Gabel zerdrücken.
2. Zwiebel in Öl glasig werden lassen. Möhren und Knoblauch dazugeben und kurz mitdünsten. Mit der heißen Brühe ablöschen, 10 Minuten köcheln lassen.
3. Anschließend die Äpfel dazugeben, weitere fünf Minuten köcheln lassen, pürieren. Milch und Crème fraîche einrühren. Mit Kurkuma, Koriander, Zitronensaft, Honig und Pfeffer abschmecken.

WIRD DER KNOBLAUCH im Ganzen mitgegart, schmeckt die Suppe weniger scharf.

REISAUFLAUF *mit Äpfeln und Birnen*

Zutaten für 4 Portionen

- ¾ l Milch
- 3 EL Zucker
- 1 unbehandelte Zitrone
- 1 Prise Salz
- 200 g Milchreis
- 4 mehlige Äpfel (z. B. reife Boskoop)
- 4 reife Birnen
- 4 Eier
- 250 g Quark
- 100 g Puderzucker

besonderes Werkzeug

- 1 Auflaufform (ca. 35 x 25 cm)

Zeitbedarf

- 30 Minuten + 30 Minuten backen

So geht's

1. Milch mit Zucker, 1 Prise Salz und einem Stück unbehandelter Zitronenschale aufkochen.
2. Unter Rühren den Reis in die kochende Milch geben und einmal kurz aufkochen lassen. Danach Zitronenschale entfernen und den Milchreis bei schwacher Hitze etwa 30 Minuten quellen lassen.
3. Ofen auf 200 °C (Umluft 180 °C) vorheizen. Äpfel und Birnen schälen, Kerngehäuse entfernen. Obst in kleine Stücke schneiden.
4. Die Eier trennen, Eigelbe mit Quark verrühren. Den Milchreis sorgfältig mit der Quarkmasse und dem Obst vermischen.
5. Eiweiß steif schlagen und sachte unter den Milchreis heben. Die Masse in eine gefettete Auflaufform füllen und rund 30 Minuten backen.
6. Den fertigen Auflauf mit Puderzucker bestreuen.

BIRNEN-ROQUEFORT-CREME

am besten auf frischem Brot

Zutaten für 10 Portionen

- 1 reife aromatische Birne (z. B. Williams Christ)
- 50 ml Weißwein
- 2 TL Zucker
- 1 EL Zitronensaft
- 150 g Frischkäse
- 50 g saure Sahne
- Salz, Pfeffer aus der Mühle
- 1 Prise Paprikapulver
- 120 g Roquefort

Zeitbedarf

- 30 Minuten + 15 Minuten garen

So geht's

1. Birne schälen, das Kerngehäuse entfernen, in kleine Würfel schneiden.
2. Weißwein mit Zucker und Zitronensaft zunächst aufkochen, dann die Birnenwürfel dazugeben und bei mittlerer Hitze 15 Minuten garen, anschließend abkühlen lassen.
3. Frischkäse mit saurer Sahne in einer Schüssel verrühren und mit Pfeffer, Salz und Paprikapulver abschmecken.
4. Den Roquefort zerkrümeln und mit dem Birnenkompott vorsichtig unter die Frischkäsecreme heben.

AUF SCHWARZBROT frisch vom Bäcker schmeckt die feine Creme am besten. Wenn es kurz angetoastet und etwas warm ist, verläuft die Creme und wirkt am Gaumen noch geschmeidiger.

GESTERN UND HEUTE

Kochen mit Obst hat Tradition

ERNÄHRUNGSFACHLEUTE HEUTE nach dem idealen Speiseplan gefragt, werden ganz unterschiedlich antworten. Die Bandbreite ihrer Äußerungen entspräche wahrscheinlich der Bandbreite auf dem Diätenmarkt – und dennoch: Schriebe man alle Empfehlungen auf Kärtchen und legte diese nebeneinander aus, ergäben sich viele Übereinstimmungen. Die größte: Obst hält fast jeder für wichtig.

OBST – EIN HÖFISCHES GUT

Die Kulturgeschichte des Obstes und des Obstanbaus in unseren Breitengraden ist lang. Bis ins Althochdeutsche lässt sich die Herkunft des Wortes „Obst" verfolgen. Es leitet sich ab von „obez", einem Begriff für „Zukost" oder „Beilage", wie Cédric Dumont in seinem wunderbaren kulinarischen Lexikon schreibt. Solche Zukost sind nach dieser Definition alle roh genießbaren Früchte mehrjähriger Pflanzen. Im Prinzip jedenfalls, denn Quitten zum Beispiel sind ein Obst, aber roh essen wird sie kaum jemand.

Die Geschichte des Obstanbaus ist Kulturgeschichte und Sozialgeschichte. Damit sie reiche Ernte bringen, mussten Bäume und Sträucher gepflegt werden. Und die das taten, waren in einer höfischen Gesellschaft nicht dieselben wie jene, die Früchte gerne und in Mengen aßen.

ROH GALT NICHT IMMER ALS GESUND

Geschichts-Lektionen stecken auch in der Historie des Umgangs mit Obst in der Küche. Die Medizin des Mittelalters verglich Verdauung mit Kochen, unterteilte Lebensmittel in leicht und schwer zu verarbeitende und stellte Regeln auf, was zuerst gegessen werden sollte und was zuletzt. Obst, als leicht verdaulich eingeordnet, stand nach dieser Lehre recht weit vorn in einem Menü. Insgesamt spielte der Verzehr rohen Obstes damals aber keine wichtige Rolle. So soll zum Beispiel Hildegard von Bingen angenommen haben, nur was gekocht und gewürzt sei, schade dem Körper nicht. Vielleicht auch darin haben Rezepte, in denen Obst gebraten, mitgegart, aufgekocht, püriert und gebacken wird, ihren Ursprung – und natürlich in dem Bemühen, die Gaben der Natur zu konservieren. Inzwischen bleibt davon vor allem das Streben nach Genuss. In diesem Sinne: guten Appetit!

DAS IST *wirklich* WICHTIG

[a] ÄPFEL FEIN REIBEN Damit die Kekse schön saftig werden, müssen die Äpfel sehr fein gerieben werden, können auch zusätzlich durch ein Sieb passiert werden.

[b] PORTIONIEREN Zwischen den einzelnen Portionen auf dem Backblech ausreichend viel Abstand lassen, damit die Teigmasse nicht ineinanderläuft.

[a]

APFELKEKSE

auch für die Vorratsdose

BELIEBTE ALLROUNDER BEI JUNG UND ALT: DAS LUFTIG-LEICHTE GEBÄCK IN VIELEN VARIANTEN SORGT STETS FÜR STRAHLENDE GESICHTER.

Zutaten für 10 Portionen

- 100 g Zucker
- 1 EL Vanillezucker
- 2 Eier
- 100 g zimmerwarme Butter
- 1 TL Backpulver
- 250 g Mehl
- 2 aromatische Äpfel (z. B. Jonagold)
- 50 g Puderzucker

Zeitbedarf

- 30 Minuten + 15 Minuten backen

So geht's

1. Ofen auf 200 °C (Umluft 180 °C) vorheizen. Zucker und Vanillezucker mit den Eiern und der Butter verrühren.
2. In einer zweiten Schüssel das Backpulver unter das Mehl heben. Mit der Zucker-Ei-Masse vermischen.
3. Äpfel waschen, schälen und das Kerngehäuse entfernen. Zu feinem Mus reiben [→ a] und unter den Teig mischen.
4. Backblech mit Backpapier auslegen. Teig in Portionen von je einem Esslöffel darauf setzen. [→ b].
5. Kekse rund 15 Minuten backen, etwas abkühlen lassen und dann mit Puderzucker bestäuben.

Die Varianten

Weihnachtskekse
Den Geschmacksvarianten sind kaum Grenzen gesetzt. Weihnachtlich schmecken die Kekse, gibt man dem Teig etwas Zimt, eine Handvoll Rosinen und 1 EL geriebene Mandeln bei.

Schoko-Cookies
Mit einer Tafel Schokolade, sorgfältig in kleine Stückchen gehackt und in den Teig gerührt, werden die Kekse zu leckeren Schokoladen-Cookies.

IN EINER GESCHLOSSENEN DOSE aufbewahrt, werden die Kekse deutlich weicher, als sie direkt nach dem Backen sind.

DAS IST *wirklich* WICHTIG

[a] GRIESS RÜHREN Den Grieß nicht aus den Augen lassen und häufig rühren, sonst endet er in Klumpen.

[b] FESTES EIWEISS Eiweiß ruhig richtig lange schlagen, umso besser lässt sich der Schnee unter die Apfel-Grieß-Masse heben. Beim Unterheben dann zügig arbeiten und nicht zu fest rühren.

[a]

APFELAUFLAUF *mit Grieß*

APFEL, VANILLE UND ROSINEN IN EINER SÜSSEN, ÜPPIGEN KOMBINATION: EIN RICHTIGES HERZWÄRMER-GERICHT FÜR DIE GANZE FAMILIE.

Zutaten für 4 Portionen

- 3 EL Rosinen
- 1 Vanilleschote (ersatzweise Zucker mit echter Vanille)
- 100 g Zucker
- ½ l Milch
- 20 g Butter
- 1 Msp. Salz
- 80 g Grieß
- 500 g säuerliche Äpfel
- Saft von 1 Zitrone
- 100 ml Weißwein
- 1 EL Zucker für die Rosinen
- 2 Eier
- 3 EL Sahne
- Butter für die Form
- Zimt

besonderes Werkzeug
- Auflaufform (ca. 35 x 25 cm)

Zeitbedarf
- 40 Minuten + 40 Minuten backen

So geht's

1. Den Backofen auf 180 °C (Umluft 160 °C) vorheizen. Rosinen in Wasser einweichen. Die Vanilleschote aufschneiden, das Mark mit einem Messer herausschaben, unter den Zucker mischen.
2. Die Milch aufkochen lassen, Butter, Zucker und Salz dazugeben. Den Grieß einstreuen und 10 Minuten auf kleiner Flamme unter Rühren quellen lassen [→ a].
3. Die Äpfel waschen, schälen, vierteln, die Kerngehäuse entfernen. Apfel-Viertel in sehr feine Spalten schneiden. Mit Zitronensaft und Weißwein übergießen. Die Rosinen abgießen, hacken und mit 1 EL Zucker bestreuen.
4. Die dünn geschnittenen Äpfel und die Rosinen unter die Grießmasse heben. Vorsichtig mischen.
5. Eier trennen. Eigelbe verrühren, Sahne dazugeben, ebenfalls zu dem Grieß gießen. Eiweiß steif schlagen und unter die Masse heben [→ b]. Eine Auflaufform fetten, die Masse einfüllen. 40 Minuten backen lassen, danach mit einem Esslöffel Zucker und Zimt bestreuen.

KINDERN schmeckt zu diesem Auflauf ein Glas kühle Milch, Erwachsenen ein Süßwein.

Die Varianten

Würzig
Würziger wird der Auflauf, wenn Sie die Äpfel in Butter mit 2 EL Rum, Zucker und Zimt dünsten und anschließend mit Zitrone abschmecken.

Ohne Grieß
Wenn Sie den Grieß ersetzen möchten, vermischen Sie 350 g geriebenes Schwarzbrot, 2 EL eingeweichte Rosinen und 1 EL geriebene Mandeln. Die Mischung und die Äpfel abwechselnd in eine gefettete Form schichten, 50 Minuten backen.

BIRNEN-TIRAMISU
etwas Dolce Vita zum Nachtisch

ITALIENS DESSERT-KLASSIKER IN DER BIRNEN-VARIANTE IST EBENSO VERFÜHRERISCH WIE ÜPPIG: AMARETTO, ZIMT, KAKAO UND FRÜCHTE.

Zutaten für 4 Portionen

- 2 große reife Birnen (z. B. Williams Christ oder Alexander Lucas)
- 2 EL Zitronensaft
- 250 ml Birnensaft
- ½ Päckchen Vanillepudding-Pulver
- 3 EL Birnenschnaps (ersatzweise anderer Obstschnaps)
- 150 g Magerquark
- 200 g Mascarpone
- 5 EL Orangensaft
- 2 TL Zimt
- 50 g Puderzucker
- 200 g Löffelbiskuit
- 3 EL Amaretto
- 1 EL Kakaopulver
- Zimt zum Bestreuen

besonderes Werkzeug
- rechteckige Backorm (ca. 35 x 25 cm)

Zeitbedarf
- 30 Minuten + 6 Stunden ruhen

So geht's

1. Birnen schälen, Kerngehäuse entfernen, in dünne Scheiben schneiden. Die Birnenscheiben mit Zitronensaft beträufeln.
2. Den Birnensaft kurz aufkochen, dann Puddingpulver und Schnaps dazugeben. Unter Rühren erneut kurz aufkochen lassen.
3. Birnen in den Sud geben und bei schwacher Hitze einige Minuten ziehen lassen. Danach abkühlen lassen **[→ a]**.
4. Magerquark und Mascarpone sorgfältig verrühren **[→ b]**, Orangensaft, Zimt und Puderzucker einrühren.
5. Die Löffelbiskuits mit Amaretto beträufeln. Dann die Form gleichmäßig damit auslegen. Einen Teil der ausgekühlten Birnen mit dem Sud vorsichtig über die Biskuits geben, bis diese feucht werden. Dann die Form zur Hälfte mit der Creme auffüllen. Danach noch eine Schicht Birnen und Creme darübergeben, glatt streichen **[→ c]**.
6. Das Birnen-Tiramisu etwa 6 Stunden kühl stellen und anschließend mit Kakaopulver und noch etwas Zimt bestäuben.

DAS IST *wirklich* WICHTIG

[a] ABKÜHLEN Den Birnensud gut abkühlen lassen, damit er nicht zu flüssig in die Form läuft.

[b] GUT RÜHREN Magerquark und Mascarpone so gut vermischen, dass eine cremige Masse entsteht.

[c] GLATTE SCHICHTEN Die Cremeschichten jeweils mit einem flachen Messer schön glatt streichen.

[a]

[b]

APFEL-SCHINKEN-PIZZA

fruchtig-herzhaft

DA STAUNEN SELBST ERFAHRENE PIZZABÄCKER: EIN BELAG AUS SCHINKEN UND APFEL, KOMBINIERT MIT GORGONZOLA, CHILI UND CHICORÉE

Zutaten für 1 Pizza

- 20 g Hefe
- 100 ml lauwarmes Wasser
- 200 g Mehl
- 1 TL Salz
- 1 Prise Zucker
- 2 EL Öl
- 200 ml Crème fraîche
- 50 g Gorgonzola
- 1 Prise Muskat
- Salz, Pfeffer aus der Mühle
- 2 säuerliche Äpfel (z. B. Boskoop oder Elstar)
- 3 Scheiben gekochter Schinken
- 1 Tomate
- 1 Chilischote
- 1 kleiner Chicorée

besonderes Werkzeug

- Nudelholz

Zeitbedarf

- 30 Minuten + 1 Stunde ruhen + 10 Minuten backen

So geht's

1. Hefe in lauwarmem Wasser auflösen. Mehl, Salz und Zucker in einer Schüssel vermischen. Eine Mulde in das Mehl drücken, Hefewasser hineingießen und mit dem Mehl vermischen. Den Teig anschließend 20 Minuten mit einem Geschirrtuch zugedeckt ruhen lassen.
2. Anschließend das Öl dazugeben und den Teig kneten, bis er sich von der Schüssel löst. Dann den Teig wieder 40 Minuten zugedeckt ruhen lassen. Danach noch einmal von Hand durchkneten und, falls er noch klebt, etwas Mehl dazugeben.
3. Ofen auf 220 °C (Umluft 180 °C) vorheizen. Den fertigen Teig glatt ausrollen und auf ein mit Backpapier belegtes Backblech geben **[→ a]**.
4. Crème fraîche einmal aufkochen lassen, dann bei mittlerer Hitze Gorgonzola dazugeben und unter ständigem Rühren darin schmelzen lassen **[→ b]**, mit Muskat, Pfeffer und Salz abschmecken.
5. Äpfel waschen, schälen, vom Kerngehäuse befreien und in dünne Scheiben schneiden. Die Schinkenscheiben in dünne, kurze Streifen schneiden. Tomate vom Strunk befreien und in Scheiben schneiden. Chilischote waschen, längs aufschneiden, entkernen und in kleine Streifen schneiden.
6. Chicorée waschen und abtrocknen, längs vierteln, den Strunk herausschneiden **[→ c]**. Chicorée auf dem Teig verteilen. Anschließend Apfelscheiben, Tomaten, Chili und Schinken dazugeben.
7. Den Belag mit der Creme gleichmäßig übergießen und etwa 20 Minuten backen.

DAS IST *wirklich* WICHTIG

[a] TEIG EINSTECHEN Den noch nicht belegten Teig mit der Gabel mehrfach einstechen, damit er luftig backen kann.

[b] CREME ANRÜHREN Gorgonzola in der Crème fraîche sehr gut verrühren, damit er sich ganz auflöst.

[c] CHICORÉE PUTZEN Den Strunk des Chicorée auf keinen Fall mitverarbeiten, sonst schmeckt die Pizza extrem bitter.

DAS IST *wirklich* WICHTIG

[a] PILZE PUTZEN Champignons (und auch andere Pilze) nicht waschen. Sie werden sonst schwammig.

[b] FLEISCH ANBRATEN Je feiner das Fleisch geschnitten ist, desto kürzer ist seine Garzeit. Braten Sie nicht bei zu starker Hitze, das Fleisch wird sonst sehr schnell hart.

[b]

GESCHNETZELTES
mit Rahmäpfeln

FLEISCH UND OBST PASSEN GUT ZUSAMMEN. KINDER LIEBEN DIESES GERICHT – UND BEI DER ZUBEREITUNG KÖNNEN SIE GUT MITHELFEN.

Zutaten für 4 Portionen

- 500 g Schweinefilet
- 200 g weiße Champignons
- 1 Stück Knollensellerie (ca. 50 g)
- 2 EL glatte Petersilie
- 2 Schalotten
- 2 x 3 El Öl
- Salz, Pfeffer aus der Mühle
- 60 g Butter
- 200 ml Apfelsaft
- 100 ml Sahne
- 2 säuerliche Äpfel (z. B. Boskoop oder Elstar)
- 1 TL Zitronensaft

Zeitbedarf
- 40 Minuten

So geht's

1. Schweinefilet in feine Streifen schneiden, beiseitestellen. Champignons mit Salz abreiben [→ a], Stiele entfernen, die Köpfe in feine Scheiben schneiden. Sellerie putzen, fein würfeln. Petersilie waschen, Blätter abzupfen und hacken. Schalotten schälen und fein würfeln.
2. 3 EL Öl in einer Pfanne erhitzen und die Champignons darin gut anbraten. Mit Salz und Pfeffer würzen. Etwas von der Butter dazugeben, durchrühren und mit Folie abdecken.
3. In einer zweiten Pfanne wieder 3 EL Öl erhitzen, das Fleisch kurz darin anbraten [→ b], herausnehmen. Schalotten und Selleriewürfel glasig werden lassen. Mit dem Apfelsaft ablöschen. Aufkochen lassen. Bei schwacher Hitze Sahne dazugeben, köcheln lassen, bis die Sauce cremig ist, mit Salz und Pfeffer abschmecken.
4. Äpfel schälen, entkernen und würfeln. Apfelstücke und Fleisch in die Sauce geben, 10 Minuten bei schwacher Hitze ziehen lassen, mit Zitronensaft abschmecken. Mit Petersilie bestreuen und mit den Champignons anrichten.

Die Variante

Apfelwein
Den Apfelsaft in der Sauce können Sie durch Apfelwein ersetzen. Dann wird sie nach Zugabe der Sahne aber nicht mehr aufgekocht.

ALS BEILAGE **zu einem Geschnetzelten passt alles, was die Sauce gut aufnehmen kann, etwa Reis oder Spätzle.**

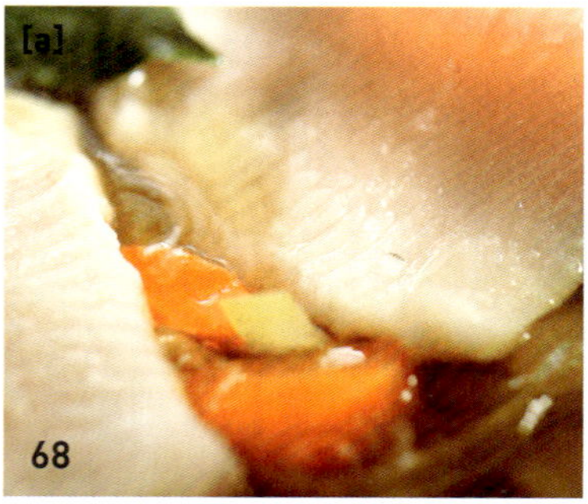

DAS IST *wirklich* WICHTIG

[a] HITZE BEIM GAREN Fischfilets haben eine kurze Garzeit. Sie verzeihen zu langes Garen, aber keine zu starke Hitze: Der Sud sollte lediglich simmern.

FORELLE
in Cidre gegart

FISCHFILETS IN FEINEM WURZELWERK-SUD. UND WER EINMAL KARTOFFEL-PÜREE SELBST GESTAMPFT HAT, WIRD ES NIE WIEDER ANDERS WOLLEN.

Zutaten für 4 Portionen

Für den Sud

- 1 kleine Stange Lauch
- 1 Möhre
- 1 Stück Knollensellerie (ca. 30 g)
- 300 ml Fischfond (ersatzweise Hühnerbrühe)
- 2 Lorbeerblätter
- 250 ml Cidre (ersatzweise sehr milder Apfelwein)

Für das Püree

- 1,5 kg mehlig kochende Kartoffeln
- 100 ml Milch
- 1 TL Butter
- Salz, Pfeffer aus der Mühle
- Muskatnuss

- 8 Forellenfilets
- milder Meerrettich zum Garnieren

So geht's

1. Kartoffeln waschen, schälen, würfeln und etwa 30 Minuten in Salzwasser kochen. Vom Lauch das grüne Ende und den Strunk entfernen. Längs durchschneiden, waschen, in Streifen schneiden. Möhre und Sellerie schälen und klein würfeln.
2. Während die Kartoffeln kochen, Fischfond kalt in einem Topf aufsetzen. Lauch, Möhren und Sellerie dazugeben und zum Kochen bringen. Lorbeer und den Cidre dazugeben, alles zusammen köcheln lassen.
3. Die Kartoffeln abgießen, sobald sie gut durchgegart sind. Die Milch erhitzen. Kartoffeln stampfen, Butter dazugeben und so viel von der Milch, bis das Püree geschmeidig wird. Mit Salz, Pfeffer und Muskat würzen, warm stellen.
4. Die Forellenfilets in den Sud einlegen und bei schwacher Hitze in 5 Minuten gar ziehen lassen [→ a].
5. Fisch mit Kartoffelpüree, mildem Meerrettich und etwas Gemüse aus dem Fond anrichten.

besonderes Werkzeug
- Kartoffelstampfer

Zeitbedarf
- 30 Minuten + 30 Minuten garen

Die Variante

Lachsforelle
Gelingt auch mit Lachsforelle, die ein etwas festeres Fleisch hat. Dazu schmeckt ein Glas kalter Champagner.

Püree
Das Kartoffelpüree können Sie mit 250 g gekochten, pürierten Möhren verfeinern.

RÖSTI *mit Quitten*

Zutaten für 4 Portionen

- 400 g Quitten
- 400 g Kartoffeln
- 100 g Sahne
- 20 g Petersilie
- 120 g gehackte Cashewnüsse
- Meersalz, Peffer aus der Mühle
- Muskatnuss
- Butter für die Pfanne

Zeitbedarf
- 35 Minuten

So geht's

1. Die Kartoffeln waschen und schälen. Quitten mit einem Tuch abreiben, waschen, schälen, vierteln und entkernen.
2. Kartoffeln und Quitten mit der Rohkostraffel grob reiben. Mischen, die Sahne dazugeben. Petersilie waschen, trockentupfen, hacken und mit Cashewnüssen ebenfalls zu der Mischung geben. Mit Salz, Pfeffer und wenig Muskat würzen.
3. In einer Pfanne Butter erhitzen. Von der Quitten-Kartoffel-Masse so viel hineingeben, dass der Boden gut bedeckt ist. Mit einem Löffel andrücken. Die Masse auf beiden Seiten etwa fünf bis acht Minuten bei mittlerer Hitze braten. Die Rösti sollten goldbraun und richtig knusprig sein.

CLAFOUTIS *mit Birnen*

Zutaten für 4 Portionen

- 4 mittelgroße Eier
- 3 EL Honig
- 1 EL Mandellikör
- 1 EL geriebene Mandeln
- 1 EL feine Semmelbrösel
- 100 g Mehl
- 3 EL Sahne
- Butter für die Form
- 600 g Birnen
- Puderzucker zum Garnieren

besonderes Werkzeug
- Auflaufform (ca. 15 x 25 cm)

Zeitbedarf
- 20 Minuten + 40 Minuten backen

So geht's

1. Backofen auf 180 °C (Umluft 160 °C) vorheizen. Eier vequirlen. Honig dazugeben und weiterrühren, bis eine cremeartige Masse entstanden ist. Likör, Mandeln, Semmelbrösel dazugeben, dann das Mehl einrühren und zum Schluss die Sahne. Wenn die Masse zu trocken ist, noch etwas Sahne dazugießen.
2. Birnen waschen, schälen, entkernen, in dünne Streifen schneiden. Eine ofenfeste Form fetten. Etwa ein Drittel der Teigmasse in die Form füllen und glattstreichen. Den Teig mit Birnenspalten belegen. Restlichen Teig dazugießen, restliche Birnenspalten oben in den Teig setzen.
3. Clafoutis etwa 40 Minuten backen. Mit Puderzucker bestäuben und lauwarm servieren.

HIMMEL UND ERDE

rustikaler Genuss

Zutaten für 4 Portionen

- 2 große Zwiebeln
- 20 g glatte Petersilie
- 600 g frische Blutwurst
- 1 kg mehligkochende Kartoffeln
- 5 mittelgroße Äpfel
- Öl für die Pfanne
- Salz, Peffer aus der Mühle

besonderes Werkzeug

- Kartoffelstampfer

Zeitbedarf

- 30 Minuten + 30 Minuten garen (Kartoffeln) + 15 Minuten backen (Blutwurst)

So geht's

1. Ofen auf 200 °C (Umluft 180 °C) vorheizen. Zwiebeln schälen und würfeln. Petersilie waschen, hacken, Blutwurst in dicke Scheiben schneiden. Beiseitestellen. Kartoffeln schälen, grob würfeln. In einem Topf mit kaltem Wasser aufsetzen, aufkochen und in etwa 30 Minuten weich kochen.
2. Äpfel schälen, vierteln, Kerngehäuse entfernen, in Stücke schneiden. In etwas Öl in einer Pfanne andünsten, etwas Wasser dazugeben und weich köcheln.
3. Backblech mit Backpapier auslegen. Blutwurstscheiben darauflegen. Rund 15 Minuten im Ofen backen, bis das Fett ausgetreten ist und die Wurst eine leicht knusprige Oberfläche hat.
4. Die Kartoffeln abgießen. Die gedünsteten Äpfel zu den Kartoffeln geben. Zerstampfen **[→ a]**, mit Pfeffer und Salz würzen.
5. Die Zwiebeln mit etwas Öl anrösten, über das Kartoffel-Apfel-Püree streuen oder auch separat servieren. Die Blutwurstscheiben mit dem Püree anrichten.

DIE ÄPFEL müssen ausgeprägt säuerlich sein, damit sie zur Blutwurst ein geschmackliches Gegengewicht bilden.

Die Variante

Als Gratin
Blutwurst wie beschrieben zubereiten. Gekochte Kartoffeln in Scheiben schneiden, Äpfel würfeln, roh belassen. Zwiebeln würfeln und glasig werden lassen. In eine gefettete Form schichten, 200 ml Milch mit 100 g geriebenem Käse und einem Ei verrühren, dazugießen. 30 Minuten backen.

DAS IST *wirklich* WICHTIG

[a] PÜREE STAMPFEN Wenn sich das Püree zu schwer stampfen lässt, etwas Milch dazugeben. Kartoffeln nicht mit dem Pürierstab bearbeiten, das Püree bekommt sonst eine Konsistenz wie Tapetenkleister. Immer stampfen oder durch die Kartoffelpresse drücken.

SCHMORQUITTEN
mit würziger Fleischfüllung

AB IN DEN OFEN, AB UND ZU ETWAS WEIN ODER SAFT ZUGIESSEN: SCHMORQUITTEN LASSEN SICH GUT VORBEREITEN UND WARM HALTEN.

Zutaten für 4 Portionen

- 3 EL Rosinen
- 4 große Quitten
- 100 g Reis
- 1 Zwiebel
- 2 EL glatte Petersilie
- 2 EL frische Minze
- 1 Knoblauchzehe
- 3 EL Öl
- 300 g Tatar
- 200 ml Gemüsebrühe
- 1 TL Zitronensaft
- 1 Lorbeerblatt
- 200 ml Weißwein
- 1 Zimtstange
- Zucker
- Butter für die Form
- Salz, Pfeffer aus der Mühle

besonderes Werkzeug

- Auflaufform (ca. 25 x 35 cm)

Zeitbedarf

- 45 Minuten + 40 – 50 Minuten garen

So geht's

1. Ofen auf 200 °C (Umluft 180 °C) vorheizen. Rosinen in Wasser einweichen. Quitten mit einem Tuch abreiben, waschen. Auf das Backblech legen und für etwa 10 Minuten in den Ofen geben, bis sie leicht weich sind.
2. Den Reis halb gar kochen (dafür die angegebene Kochzeit um die Hälfte reduzieren). Reis durch ein Sieb gießen und beiseitestellen. Die Zwiebel schälen und hacken, Petersilie und Minze waschen, trocken tupfen und hacken, Knoblauch schälen. Rosinen abgießen.
3. In einer Pfanne oder in einem Topf Zwiebeln in Öl glasig werden lassen. Tatar dazugeben und krümelig anbraten. Mit der Hälfte der Gemüsebrühe ablöschen [→ a]. Rosinen, Kräuter, Zitronensaft, Lorbeerblatt, Knoblauch und Zimtstange dazugeben, köcheln lassen.
4. Von den oberen Enden der Quitten ein Stück abschneiden. Quitten mit einem Löffel aushöhlen. Von dem Weißwein 1 EL abmessen, mit etwas Zucker verrühren. Die Quitten mit dieser Paste innen bepinseln.
5. Form einfetten, Quitten hineinsetzen. Tatar mit Salz, Pfeffer und vielleicht etwas Zucker würzen. Knoblauch, Lorbeerblatt und Zimtstange aus der Pfanne nehmen [→ b]. Reis zu dem Fleisch geben und mischen. Mischung in die Quitten füllen, den Rest in die Form. Restliche Gemüsebrühe und 5 EL Weißwein angießen. Im Ofen 40 bis 50 Minuten schmoren. Dabei ab und zu esslöffelweise Weißwein dazugießen.

TATAR **ist für den rohen Verzehr geeignetes gehacktes Rinderfilet. Es ist besonders hochwertig und fettärmer als das übliche Hackfleisch. Tatar und Hackfleisch beim Kauf immer frisch durch den Fleischwolf drehen lassen.**

DAS IST *wirklich* WICHTIG

[a] FLEISCH ANBRATEN Zwiebeln bei mittlerer Hitze braten. Wenn das Fleisch dazugegeben ist, ständig rühren und nicht nervös werden, wenn es ein bisschen ansetzt. Es löst sich, sobald die Brühe angegossen wird.

[b] GESCHMACKSNOTEN Der Geschmack dieses Gerichtes wird von der Kombination aus Süße und Schärfe bestimmt. Lorbeerblatt, Zimt und Knoblauch auf keinen Fall im Fleisch lassen, sonst bekommt das Gericht einen bitteren Ton.

JENSEITS DER TRAUBEN

Auch aus Äpfeln werden feine Weine

APFELWEIN, EIN HERBER STOFF ZU DERBEM ESSEN: SO DAS GÄNGIGE VORURTEIL. DOCH MANCHE KELTERER WOLLEN AUS ÄPFELN SO VIEL HERAUSHOLEN WIE ANDERE AUS TRAUBEN.

VOR DEN TOREN FRANKFURTS führt Andreas Schneider einen ökologischen Obsthof. Auf seinen Feldern wachsen Erdbeeren, Johannisbeeren, Kirschen – und Äpfel. Bekannte Sorten wie Jonagold und Goldparmäne. Und solche, bei deren Nennung die Augen von Andreas Schneider leuchten: Muskatrenetten, Ananasrenetten, Kanadarenetten, Rote Sternrenetten, Korbiniansäpfel, Bohnäpfel, Gewürzluiken, Schafsnasen, Heuchelheimer Schneeäpfel. Fast 70 Sorten sind es.

13 Hektar bewirtschaftet Andreas Schneider insgesamt. Die ältesten Gewächse auf seinem Grund hat vor 35 Jahren sein Vater gesetzt. Was will ich werden? Die Berufswahl war für den jungen Andreas leicht zu treffen. Nach einer Ausbildung zum Obstbauern übernahm er 1993 den elterlichen Betrieb, 1994 stellte er auf kontrolliert biologischen Anbau um.

WENIGER LESEGUT HEISST MEHR QUALITÄT

Auf dem Hof fällt an diesem Tag ein sanfter Nieselregen. Rundum ist Grün. Leuchtend hell ist das Gras, moosfarben sind die Blätter der knorrigen Apfelbäume. Andreas Schneider spricht von seiner Arbeit. Ob Wein aus Trauben oder aus Äpfeln, sagt er, „das Grundprodukt ist gleich, ein zuckerreicher Saft, der gären wird." Der Weinberg des Kelterers ist die Wiese, seine Lese ist die Apfelernte. Davor reduziert Schneider den Ertrag, wie es auch qualitätsbewusste Winzer tun: Nicht jede Frucht soll ausreifen, auf dass mehr Kraft und Geschmack in die verbleibenden gehe. Die Äpfel, die hängen bleiben, pflücken Schneider und seine Mitarbeiter dann von Hand, Stück für Stück, zwischen September und November.

VERARBEITUNG NACH HÖCHSTEN ANSPRÜCHEN

Ist er schön? Jeder Apfel wird noch einmal begutachtet. Die makellosen werden gemahlen, dann pressen Walzen ganz sanft den Most aus ihnen heraus. Jedes Jahr stellt Schneider rund 25.000 Liter Saft her und bis zu 40.000 Liter Apfelwein in 30 Sorten, von der einfachen Fass-Cuvée bis zum Jahrgangs-Produkt. Er lässt seine Weine lange auf der Hefe liegen und spontan vergären. Apfelperlweine und Apfelschaumweine werden von einem Fachbetrieb filtriert, geschwefelt, mit Kohlensäure versetzt. Apfelbrand, Apfellikör und Quittenbrand entstehen in einer Brennerei im Odenwald. Und Trester, mit Pferdemist vermischt, fermentiert drei Jahre lang, dann bringt Schneider ihn als Dung auf seinen Feldern aus. Ein Kreislauf, so rund wie ein Apfel.

DAS IST *wirklich* WICHTIG

[a] SANFT TOASTEN Die Toastscheiben sollen vor dem Bestreichen und Belegen nur ganz dezent angebräunt sein.

[b] KÄSE SCHMELZEN Den Croque nicht zu lange im Ofen lassen. Der Käse soll gerade richtig schön schmelzen, aber noch nicht braun werden.

[b]

[a]

CROQUE MIT BIRNEN, *Schinken und Käse*

DAS SANDWICH DER FRANZOSEN: AUCH MIT SÜSSLICHEN BIRNEN, WÜRZIGEM SCHINKEN UND KÄSE LÄNGST EIN KLASSIKER IM LAND DER GOURMETS.

Zutaten für 4 Croques

- 8 Scheiben Toastbrot
- 50 g Kräuterfrischkäse (ersatzweise gesalzene Butter)
- 1 saftige Birne (z. B. Alexander Lucas oder Williams Christ)
- 4 Scheiben gekochter Schinken
- 8 Scheiben Käse (z. B. Greyerzer oder Emmentaler)

besonderes Werkzeug

- Toaster

Zeitbedarf

- 15 Minuten + 5 Minuten backen

So geht's

1. Ofen auf 180 °C Oberhitze vorheizen. Die Ränder des Toastbrots abschneiden.
2. Scheiben im Toaster leicht anbräunen **[→ a]**, abkühlen lassen. Dünn mit Frischkäse oder gesalzener Butter bestreichen.
3. Birnen schälen, vierteln, Kerngehäuse entfernen. In Scheiben schneiden und auf den Toastscheiben verteilen.
4. Über die Birnen jeweils 1 Scheibe Schinken und 1 Scheibe Käse legen. Dann die zweite Toastbrotscheibe darauflegen. Auf die Oberseite nochmals 1 Scheibe Käse legen. Im Ofen 5 Minuten backen **[→ b]**.

Die Varianten

Croque mit Ei
Die Toastscheiben können Sie zu Beginn durch ein verquirltes Ei ziehen. Dann allerdings in der Pfanne in etwas Öl aus backen. Statt des Käses können Sie auf diese Variante noch ein Spiegelei setzen.

DER CROQUE MONSIEUR wurde zum ersten Mal 1910 im Pariser Grand Café serviert. Dieses Gericht setzte sich schnell durch, vor allem unter Geschäftsmännern, die sich mittags nur eine kurze Pause gönnen konnten.

QUITTENWÄHE *aus der Schweiz*

DIE FLACHEN BLECHKUCHEN AUS MÜRBETEIG MIT RAHMIGEM GUSS BRAUCHEN ETWAS VORBEREITUNG, ABER DANN GEHT ES WIE VON SELBST.

Zutaten für 1 Backblech

Für den Teig

- 250 g Mehl
- 100 g zimmerwarme Butter
- 1 Msp. Salz
- 3 EL Zucker
- 1 Ei
- 2 EL Sahne

Für den Guss

- 3 Eier
- 4 EL Zucker
- 1 EL Maisstärke (ersatzweise Weizenmehl)
- 200 g saure Sahne
- 3 Äpfel
- 3 große Quitten
- Saft von ½ Zitrone
- Butter
- Öl für das Backblech

Zeitbedarf

- 30 Minuten + 1 Stunde kühlen + 35–40 Minuten backen

So geht's

1. Für den Teig alle Zutaten verkneten. 1 Stunde kühl stellen.
2. Für den Guss die Eier, Zucker, Stärke und saure Sahne in eine Schüssel geben und verrühren.
3. Äpfel schälen und halbieren. Quitten mit einem trockenen Tuch abreiben, waschen und ebenfalls schälen [→ a]. Die Äpfel und die Quitten mit der Rohkostraffel grob reiben. Backofen auf 220 °C (Umluft 200 °C) vorheizen.
4. Backblech einfetten, Teig ausrollen und auf das Blech legen [→ b]. Den Teig auf dem Blech mit einer Gabel mehrmals einstechen. Zitronensaft und das geriebene Obst in die Eier-Sahne-Masse geben. Masse auf dem Teig verteilen. Im Ofen 35 bis 40 Minuten backen, bis die Oberfläche goldgelb, aber nicht braun ist. Mit frisch geschlagener süßer Sahne servieren.

[a]

DAS IST *wirklich* WICHTIG

[a] QUITTEN SCHÄLEN Quitten vollständig zu schälen ist ein bisschen mühsam, aber bei diesem Rezept lohnt es sich, der Geschmack wird dann feiner. Probieren Sie aus, ob das mit einem Sparschäler oder einem scharfen Messer bei Ihrer Sorte besser klappt.

[b] MÜRBETEIG AUSROLLEN Den Teig rasch verarbeiten, solange er noch kühl ist. Er zerfällt sonst. In dem Fall etwas Mehl oder Flüssigkeit dazugeben. Der Teig darf ruhig noch etwas Struktur haben

[b]

VERWÖHNEN

Für Gäste und fürs Wochenende

EINEN STRUDELTEIG ZIEHEN, EINEN BRATEN SCHMOREN LASSEN, IM WINTER EINE GANS IN DEN OFEN SCHIEBEN. DAFÜR NIMMT MAN SICH GERNE DIE ZEIT.

DAS IST *wirklich* WICHTIG

[a] APFELSPALTEN Äpfel sauber schälen und in ganz dünne Spalten schneiden. Zitronensaft verhindert, dass sie braun werden.

[b] BUTTER SCHMELZEN Die Butter bei schwacher Hitze vorsichtig schmelzen, sodass sie nicht braun, sondern nur flüssig wird.

[c] TARTE STÜRZEN Vor dem Stürzen etwas auskühlen lassen, aber die Tarte Tatin unbedingt warm servieren.

TARTE TATIN

funktioniert nicht nur mit Äpfeln

IN FRANKREICH KENNT JEDES KIND DIE GESTÜRZTE BACK-KREATION DER SCHWESTERN TATIN, UNBESTRITTENER APFELKUCHEN-KLASSIKER NUMMER EINS.

Zutaten für einen Kuchen

Für den Teig

- 200 g Mehl
- 1 Eigelb
- 100 g kalte Butter
- 2 TL Zucker
- 1 Msp. Salz
- 100 ml kaltes Wasser

Für den Belag

- 1 kg leicht säuerliche Äpfel (klassischerweise der Sorte Renette)
- Saft von ½ Zitrone
- 175 g Butter
- 250 g Zucker

besonderes Werkzeug

- Quiche-Form
- Teigroller

Zeitbedarf

- 30 Minuten + 30 Minuten ruhen + 30 Minuten backen

So geht's

1. Für den Teig das Mehl anhäufen. In eine Mulde Eigelb, Butter, Zucker und Salz geben. Verkneten, nach und nach das ganze Mehl unterarbeiten. Währenddessen langsam das Wasser dazugeben. Teig in Frischhaltefolie wickeln. Mindestens 30 Minuten kühl ruhen lassen.
2. Ofen auf 120 °C (Umluft 100 °C) vorheizen. Für den Belag die Äpfel schälen, vierteln, Kerngehäuse entfernen. In ganz dünne Spalten schneiden, mit Zitronensaft beträufeln **[→ a]**.
3. Butter in eine Quiche-Form geben und auf dem Herd langsam erhitzen **[→ b]**). Den Zucker in der Butter karamellisieren lassen.
4. Apfelspalten kreisförmig in der Form auslegen, etwa 20 Minuten im Ofen backen, bis der ausgetretene Saft verdunstet ist. Danach einige Minuten auskühlen lassen (Ofen nicht ausschalten).
5. Teig ausrollen, über die Äpfel in der Form legen, am Rand etwas festdrücken. Überstehenden Teig abschneiden. Bei 200 °C (Umluft 180°C) noch einmal etwa 20 Minuten backen, bis der Teig goldbraun ist. Einige Minuten abkühlen, anschließend mit dem Messer zwischen Rand und Kuchen einmal rundherum fahren. Kuchen auf eine Platte stürzen **[→ c]**. Mit einer Kugel Vanilleeis oder etwas frisch geschlagener Sahne servieren.

Die Varianten

Anderes Obst
Neben dem französischen Klassiker mit Äpfeln lässt sich die Tarte auch mit Birnen oder anderen Obstsorten zubereiten.

APFELRINGE IM BACKTEIG

gar nicht so schwer

AUCH DAS PASST ZUM KAFFEE. ES MUSS JA NICHT IMMER EIN KUCHEN SEIN, WENN SÜSSE ÄPFEL FEIN HERAUSKOMMEN SOLLEN ...

Zutaten für 4 Portionen

- 5 Eier
- 200 g Mehl
- 50 g Zucker
- 1 EL Rum
- 1 EL Kirschwasser
- 100 ml lauwarme Milch
- 1 Msp. Salz
- 500 g süß-säuerliche Äpfel (z. B. Elstar)
- 500 g Butterschmalz

Zeitbedarf

- 30 Minuten + 1 ½ Stunden kühlen + 2 Minuten backen

So geht's

1. Eier trennen. Mehl mit Zucker vermischen, die Eigelbe unterrühren. Rum, Kirschwasser, Milch, Salz dazugeben. Alles zu einem Teig verrühren. Den Teig für 1 ½ Stunden kühl stellen **[→ a]**.
2. Nach der Kühlzeit Eiweiß steif schlagen, unter den Teig heben.
3. Äpfel waschen und schälen, oben und unten einen Deckel abschneiden. Mit einem Ausstecher die Kerngehäuse entfernen oder mit einem scharfen Messer herausschneiden. Äpfel in Scheiben schneiden **[→ b]**, jede Scheibe hat jetzt ein Loch in der Mitte.
4. Butterschmalz in einem hohen, schmalen Topf sehr heiß werden lassen **[→ c]**.
5. Apfelringe einzeln in den Teig tauchen und in das siedende Schmalz geben. Goldbraun ausbacken. Zum Abtropfen auf Küchenpapier legen, dann mit einer Kugel Vanilleeis oder Vanillesauce servieren.

DAS IST *wirklich* WICHTIG

[a] KÜHLZEIT Die Kühlzeit für den Teig einhalten, sonst lässt er sich nicht gut verarbeiten.

[b] APFELRINGE Die Apfelringe nicht zu dünn schneiden, sie können ruhig 1 bis 2 cm dick sein.

[c] MEHLPROBE Etwas Mehl einstreuen: Wenn das Fett sofort zu sprudeln beginnt, hat es die richtige Temperatur.

[b]

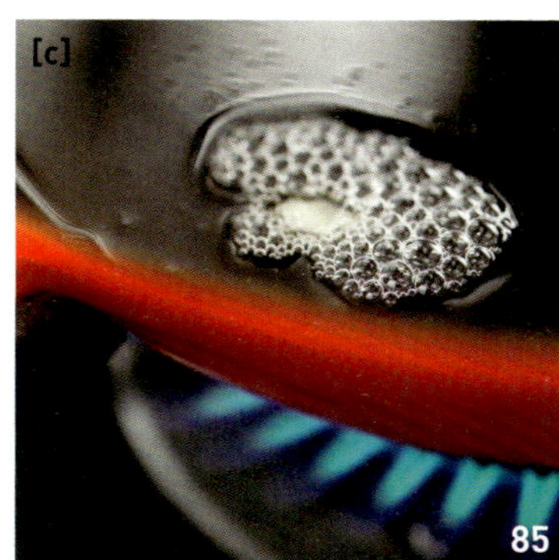

[c]

[b]

DAS IST *wirklich* WICHTIG

[a] TEIG KNETEN Knetteige gelingen am besten, wenn die Butter bei der Verarbeitung noch richtig kalt ist. Sollte der Teig zu weich erscheinen, einfach noch etwas Mehl dazugeben. Wenn er sehr trocken ist, teelöffelweise Milch zugießen.

[b] FORM AUSKLEIDEN Die Teigplatte soll die gesamte Springform überdecken. Achten Sie darauf, die Nahtstellen gut zu verschließen.

[c] ZUCKERGUSS Der Kuchen sollte nicht mehr ganz heiß, muss aber noch warm sein, wenn der Zuckerguss aufgepinselt wird.

GEDECKTER APFELKUCHEN

ein süßer Evergreen

GAR NICHT SO SCHWER ZU MACHEN, IMMER GUT. SCHMECKT AM BESTEN MIT AROMATISCHEN, NICHT ZU SAFTIGEN ÄPFELN.

Zutaten für 4 Portionen

Für den Teig

- 400 g Mehl
- 1 Pckg. Backpulver
- 150 g Zucker
- 1 Msp. Salz
- 2 Eier
- 150 g Butter (ersatzweise Margarine)

- 1 kg Äpfel (z. B. Boskoop, Elstar oder Jonagold)
- 40 g Rosinen
- 1 TL Zucker
- 1 Msp. Zimt
- 2 EL Zitronensaft
- 100 g Puderzucker

besonderes Werkzeug

- Springform (Ø 26 cm)
- Backform
- Nudelholz

Zeitbedarf

- 20 Minuten +
  1 Stunde kühlen +
  50 Minuten backen

So geht's

1. Mehl und Backpulver in einer Schüssel vermischen. Zucker, Salz und Eier dazugeben.
2. Butter in kleinen Stücken dazugeben und alles mit den Händen zu einem geschmeidigen Teig verkneten **[→ a]**. In Frischhaltefolie wickeln und 1 Stunde kühl ruhen lassen.
3. Äpfel waschen, schälen, vierteln, vom Kerngehäuse befreien. In kleine Stücke schneiden. Mit den Rosinen mischen. Mit Zucker und Zimt bestreuen.
4. Backofen auf 180 °C (Umluft 160 °C) vorheizen. Ein Drittel des Teigs abtrennen und beiseitestellen. Den restlichen Teig mit Mehl bestäuben und ausrollen. Die Springform einfetten. Mit dem ausgerollten Teig auslegen und die Apfelmasse darauf verteilen.
5. Restliches Teigdrittel ausrollen. Den Teig dann mit dem Nudelholz wieder aufnehmen und über der Springform abrollen, sodass alles bedeckt ist **[→ b]**. Den Kuchen 50 Minuten backen. Puderzucker in Zitronensaft auflösen. Den fertigen Kuchen damit bepinseln **[→ c]**.

ANSTATT MIT ZUCKERGUSS schmeckt der Kuchen auch, wenn er nach dem Backen mit glattgerührtem Quittengelee oder mit Aprikosenmarmelade bestrichen wird.

DER APFEL

Eine richtig runde Sache

ALLES BEGANN MIT JENEM OBJEKT DER BEGIERDE, DAS UNS BIS HEUTE PARADIESISCHE ZUSTÄNDE VERWEIGERT. DARÜBER HINWEGTRÖSTEN KÖNNEN ALLEIN DIE VIELSEITIGEN KULINARISCHEN FÄHIGKEITEN DES OBSTES.

KEIN WUNDER, dass der Apfel bei aller Konkurrenz exotischer Früchte immer noch das beliebteste Obst der Deutschen ist. Jeder Bundesbürger isst jährlich im Durchschnitt rund 40 Kilo Äpfel. Das liegt vor allem daran, dass dem Einsatz dieses Obstes in der Küche keine Grenzen gesetzt sind. Ob gekocht, gebacken, geschmort, gratiniert, versaftet oder einfach als herzhafte Rohkost genossen: Geschmacklich sind Apfelgerichte immer eine runde Sache. Dank dieser vielseitigen Verwendungsmöglichkeiten erstaunt es nicht, dass der Apfel im Laufe der Menschheitsgeschichte eine unaufhaltsame Karriere hingelegt hat.

MEHR BEDEUTET AUCH WENIGER

Noch bis zum Ende des 19. Jahrhunderts wurden weltweit mehr als 20.000 Apfelzüchtungen angebaut. Heute gibt sich die Apfelwelt bescheidener. In Deutschland sind noch rund 50 Sorten von wirtschaftlicher Bedeutung, davon kommen nicht einmal alle in den Handel. Oft genug reduziert sich das bescheidene Angebot im Supermarkt und selbst beim Obst- und Gemüsehändler um die Ecke auf zwei bis fünf verschiedene Apfelsorten. Und was einst in jedem Garten und auf jeder Wiese wuchs, wird heute durch die ganze Welt geschippert. Nur rund die Hälfte der hier verzehrten Äpfel kommt aus dem Inland. Der Rest wird aus Italien, Frankreich, den Niederlanden und Ländern der südlichen Hemisphäre importiert. Auch Chinas Anteil am deutschen Apfelmarkt steigt. Denn der moderne Obstbau setzt auf immer weniger, aber dafür wirtschaftlich einträgliche Sorten, die meist unter künstlichen Bedingungen in riesigen Gewächshäusern gedeihen, durch geschickte Kreuzungen und allerlei chemische Nachhilfe über lange Lager- und Transportfähigkeiten verfügen und optisch ansprechend aussehen. Das runde Kunstwerk der Natur soll dazu günstig zu haben sein, und das natürlich das ganze Jahr über.

RENAISSANCE DER VIELFALT

Vergessen scheinen in der modernen Obstwelt die Jahreszeiten, die Äpfel je nach Lagerfähigkeit noch in Sommer-, Herbst- und Winter-Sorten einteilten. Doch das lukrative Obstroulette beginnt beim Verbraucher, der die Wahl hat zwischen günstiger Importware das ganze Jahr über und fairen Preisen für saisonale Äpfel aus heimischer Landwirtschaft. Die Rückbesinnung auf jahreszeitlich bedingte Produkte trägt erste Früchte. Immer mehr Züchter und Bauern besinnen sich der natürlichen Wachstumsbedingungen von Äpfeln und lassen neben den standardisierten Sorten eine Renaissance der bunten Apfelwelt zu. Meist sind es ambitionierte Baumschulen oder Obstbauversuchsanstalten, die historische Sorten rekultivieren und damit ein Stück heimische Apfelgeschichte in das Zeitalter der Geschmacksglobalisierung

hinüberretten. Das wiederzuentdeckende Repertoire ist fast unerschöpflich, die Sortennamen reichen von Kaiser Wilhelm bis zum Danziger Kantapfel. Vor allem im Alten Land bei Hamburg und in der Bodenseeregion stehen wieder unzählige alte Apfelsorten, aber auch in heimische Gärten oder auf Streuobstwiesen kehren sie langsam zurück.

OPTIMALE LAGERUNG

Wer die meist zwischen Spätsommer und Herbst frisch geernteten Äpfel im eigenen Keller noch ein paar Wochen oder Monate aufheben möchte, sollte sie möglichst kühl und dunkel lagern. Das verlangsamt den Reifeprozess, der mit einem Anstieg des Estergehaltes zusammenhängt. Ab und an eine Geschmackskontrolle kann nicht schaden, denn überreife Äpfel schmecken unangenehm parfümiert und lassen sich kaum mehr verarbeiten. Gesunde und reife Äpfel hingegen garantieren auch nach der Verarbeitung den jeweils sortentypischen Geschmack, sei es beim frisch gepressten Apfelsaft, dem klassischen Apfelkuchen oder dem legendären Wiener Apfelstrudel.

APFEL-DESTILLATE UND APFEL-MEDIZIN

Auch in flüssiger Form können Äpfel punkten und werden zu Apfelwein oder Cidre vergoren, zu Schnäpsen, Obstlern oder Calvados gebrannt. Zudem sind Äpfel das ideale Obst zum Einkochen, denn der hohe Pektingehalt wirkt wie ein natürliches Konservierungsmittel. Und natürlich sind Äpfel gesund. Der regelmäßige Genuss von Äpfeln senkt das Risiko von Herz- und Gefäßerkrankungen merklich und beugt Diabetes und Krebs vor. Derselbe gesundheitliche Nebeneffekt steckt auch in naturtrübem Apfelsaft. Die Binsenweisheit, dass ein Apfel am Tag den Doktor fernhält, ist also nicht von der Hand zu weisen. Der Genuss eines Apfels, in welcher Form auch immer, ist jedenfalls immer eine kleine Sünde wert.

APFELSORTEN

Diese Sorten werden in Deutschland am häufigsten angeboten und am liebsten verzehrt.

Alkmene	Kleiner bis mittelgroßer Apfel mit festem, knackigem Fruchtfleisch und säuerlicher Aromatik. Genussreif von September bis November.
Boskoop	Die großen Äpfel reifen von Ende September bis Mitte Oktober und sind bei richtiger Lagerung bis März haltbar. Der säurebetonte Boskoop eignet sich zur Verarbeitung zu Apfelmus, ist aber auch als Back- oder Bratapfel ein Genuss. Wegen des hohen Zuckeranteils ist er für Diabetiker nur bedingt geeignet.
Cox Orange	Weltweit verbreiteter Tafelapfel mit aromatischem, leicht süßlichem Geschmack. Die Äpfel reifen Ende September und sind bei entsprechender Lagerung bis Ende März haltbar. Aufgrund des niedrigen Allergengehaltes ist Cox Orange auch für die meisten Apfelallergiker genießbar.
Elstar	Die aromatisch-saftige Apfelsorte mit dem fein-säuerlichen Geschmack eignet sich gleichermaßen gut zur Apfelsaftgewinnung wie für die Zubereitung von Apfelstrudel. Kühl gelagert ist der Elstar ab September bis März genießbar.
Golden Delicious	Im Oktober geerntet, erreicht der Apfel mit dem saftig-süßen Fruchtfleisch ab Dezember die Genussreife und kann gekühlt bis Juli gelagert werden.
Granny Smith	Der grüne Apfel kommt ursprünglich aus Australien und gehört zu den sauersten seiner Art. Dennoch wird er gerne zum Backen und Kochen verwendet, da sein Fruchtfleisch auch unter Hitze relativ fest bleibt.
Gravensteiner	Stark duftender Apfel mit sehr aromatisch-würzigem Geschmack. Genussreife von August bis November.
Holsteiner Cox	Alte Apfelsorte, die vor allem in Schleswig-Holstein angebaut wird. Die grüngelben bis roten Äpfel haben ein säuerliches, aromatisch-würziges Fruchtfleisch und sind ab Oktober genussreif.
Jonagold	Eine der populärsten Apfelsorten Europas kommt aus den USA. Die Äpfel sind ab Oktober reif, ihr Geschmack ist süß-fruchtig bis feinsäuerlich. Gute Lagerfähigkeit.

BIRNEN-TARTELETTES
mit Schokolade

TOLLER GESCHMACK IN MINIFORMAT. DIE TÖRTCHEN GIBT ES VORGEFERTIGT, SIE MÜSSEN SICH NICHT STUNDENLANG IN FEINMOTORIK ÜBEN.

Zutaten für 4 Tartelettes

- 1 feste Birne
- 1 Päckchen Schokoladenpudding-Pulver
- 250 ml Milch
- 5 EL Zucker
- 2 EL Birnenschnaps
- 250 ml Weißwein
- Saft von 1 unbehandelten Zitrone
- 4 Mürbeteig-Tartelettes (vorgefertigt)
- 2 EL Birnenkonfitüre

Zeitbedarf

- 30 Minuten

So geht's

1. Birne schälen, Kerngehäuse entfernen, in Spalten schneiden.
2. Puddingpulver mit Milch, 2 EL Zucker und dem Birnenschnaps verrühren, aufkochen und anschließend abkühlen lassen.
3. Weißwein mit Zitronensaft und 3 EL Zucker aufkochen. Anschließend die Birnenspalten in diesen Sud legen und etwa 3 Minuten bei mittlerer Hitze ziehen lassen. Danach Birnen herausheben und vorsichtig abtropfen lassen [→ a].
4. Den kalten Pudding mit einem flachen Messer in die Tartelettes streichen. Birnenspalten in den Pudding setzen.
5. Birnenkonfitüre einmal kurz aufkochen und glatt rühren, anschließend die Birnenspalten damit bestreichen.

MIT GEHACKTEN MANDELN und Schokostreuseln, die Sie am Ende darüberstreuen, verfeinern Sie die Tartelettes zusätzlich.

DAS IST *wirklich* WICHTIG

[a] BIRNENSPALTEN Die Birnenspalten dürfen nicht länger als 3 Minuten im Sud ziehen, da sie sonst zu weich werden und eventuell zerfallen. Anschließend vorsichtig auf Küchenpapier legen, damit die Spalten nicht brechen.

ROTWEINKUCHEN
mit Birnen und Schokolade

WENN SICH BIRNEN, ROTWEIN, MANDEL UND KAKAO IN EINER SPRINGFORM GENÜSSLICH ZUSAMMENTUN, SIND GAUMENFREUDEN GARANTIERT.

Zutaten für 4 Portionen

- 1 kg feste Birnen (z. B. Concorde)
- 100 g Zartbitter-Schokolade
- 5 Eier
- 250 g zimmerwarme Butter
- 180 g Zucker
- 2 EL Kakaopulver
- 1 Päckchen Vanillezucker
- ¼ l Rotwein
- 200 g gemahlene Mandeln
- 125 g Mehl
- 1 Päckchen Backpulver
- Butter für die Form

besonderes Werkzeug
- Springform (Ø 26 cm)

Zeitbedarf
- 30 Minuten + 1 Stunde backen + 4 Stunden ruhen

So geht's

1. Birnen schälen, halbieren und Kerngehäuse entfernen.
2. Zartbitter-Schokolade grob raspeln oder mit dem Messer in kleine Stückchen schneiden.
3. Ofen auf 200 °C (Umluft 180 °C) vorheizen. In einer Schüssel die Eier aufschlagen und mit Butter, Zucker, Kakao und Vanillezucker schaumig rühren **[→ a]**. Nach und nach den Rotwein dazugeben, anschließend die Schokoladenraspeln unterheben.
4. Mandeln in einer Pfanne leicht anrösten und anschließend abkühlen lassen **[→ b]**.
5. Mehl und Backpulver sorgfältig vermischen, Mandeln dazugeben und das Ganze unter den Teig rühren.
6. Die Backform mit etwas Butter fetten und den Teig gleichmäßig einfüllen. Jetzt die Birnenhälften dicht auf dem Teig verteilen und leicht eindrücken **[→ c]**.
7. Den Kuchen etwa 1 Stunde backen. Danach rund 4 Stunden abkühlen und ruhen lassen.

NUR EIN GUTER ROTWEIN ergibt auch einen guten Rotweingeschmack im Kuchen. Achten Sie darauf, dass die Sorte nicht im Barrique ausgebaut wurde und somit nicht zu stark nach Holzfass schmeckt.

DAS IST *wirklich* WICHTIG

[a] MASSE GUT RÜHREN Die Masse so schaumig rühren, dass keine Klümpchen entstehen.

[b] MANDELN SANFT RÖSTEN Die Mandeln nicht zu stark anrösten, damit sich keine Bitterstoffe entfalten.

[c] VORSICHTIG EINDRÜCKEN Die Birnenscheiben vorsichtig in den noch weichen Teig eindrücken, bis nur noch ein Teil ihrer Oberfläche sichtbar ist. So werden sie beim Backen gut vom Teig umschlossen.

[c]

[c]

DAS IST *wirklich* WICHTIG

[a] AUSREICHEND KÜHLEN Halten Sie die Kühlzeit für den Teig ein, sonst lässt er sich nicht gut verarbeiten.

[b] TEIG AUSROLLEN Strudelteig so lange ausrollen, bis er dünn wie Papier ist. Zu dicker Teig wird beim Backen hart.

[c] GESCHIRRTUCH Ohne Geschirrtuch als Unterlage bleibt der Teig beim Zusammenrollen an der Unterlage kleben.

[d] SEMMELBRÖSEL Die Semmelbrösel verhindern, dass die Teigschichten beim Zusammenrollen verkleben.

[e] EINROLLEN Drücken Sie beim Einrollen etwas nach, damit der Strudel nicht zu locker wird.

[b]

APFELSTRUDEL
mit Rosinen-Mandel-Füllung

ALLE WIENER ZUCKERBÄCKER HABEN DIESEN KLASSIKER IM REPERTOIRE, DOCH DIE SÜSSSPEISENLEGENDE HAT LÄNGST WELTKARRIERE GEMACHT.

Zutaten für 1 Strudel

- 4 säuerliche Äpfel (z. B. Boskoop oder Elstar)
- 180 g Mehl
- 6 EL Öl
- 100 ml Wasser
- 1 Prise Salz
- 5 EL Mandelsplitter
- 5 EL Rosinen
- 1 EL Zimt
- 100 g Butter
- 50 g Puderzucker
- ca. 50 g Semmelbrösel

Zum Garnieren

- Vanillesauce
- geschlagene Sahne
- Vanilleeis

besonderes Werkzeug
- Nudelholz

Zeitbedarf
- 30 Minuten + 1 Stunde ruhen + 30 Minuten backen

So geht's

1. Mehl mit Wasser, Öl und Salz vermischen und zu einem Teig verkneten. Den fertigen Teig 1 Stunde im Kühlschrank ruhen lassen **[→ a]**.
2. Ofen auf 180 °C (Umluft 160 °C) vorheizen. Die Äpfel schälen, vierteln, Kerngehäuse entfernen, in hauchdünne Scheiben schneiden.
3. Apfelscheiben mit Zimt bestreuen und mit den Mandelsplittern und Rosinen sorgfältig vermischen.
4. Den Teig mit einem Nudelholz möglichst dünn ausrollen **[→ b]** und auf einem sauberen Geschirrtuch auslegen **[→ c]**.
5. Die Butter in einem kleinen Topf bei schwacher Hitze erwärmen, damit den ganzen Teig gleichmäßig bestreichen. Danach eine dünne Schicht Semmelbrösel aufstreuen **[→ d]**.
6. Die Füllung in einem breiten Streifen auf den Teig geben und das Geschirrtuch einmal einschlagen, sodass die ganze Füllung überdeckt wird. Teig weiter bis zum Ende einschlagen **[→ e]**.
7. Den Strudel auf ein mit Backpapier ausgelegtes Backblech setzen. Noch etwas Butter erwärmen, Strudel damit bestreichen und etwa 30 Minuten backen.
8. Wer es mit der Tradition genau nehmen will, genießt den Strudel ganz ohne Garnierung.

Die Varianten

Teig
Traditionell wird echter Wiener Apfelstrudel aus einem hauchdünnen Blätterteig hergestellt. Natürlich können Sie auch fertige Tiefkühlware verarbeiten.

Füllung
Der Strudelteig kann auch mit herzhaften Füllungen wie Spinat, anderem Gemüse oder Kartoffeln gefüllt werden.

PFANNKUCHEN *mit Äpfeln*

Zutaten für 4 Portionen

- 4 saftige, süßliche Äpfel
- 250 g Mehl
- 1 Prise Salz
- 4 EL Zucker
- 500 ml Milch
- 4 Eier
- 100 g Butter
- 2 EL Zimt

Zeitbedarf
- 15 Minuten + 7 Minuten backen

So geht's

1. Äpfel schälen, vierteln, Kerngehäuse entfernen, in dünne Scheiben schneiden.
2. Mehl mit Salz und 2 EL Zucker vermischen. Langsam Milch einrühren und Eier dazugeben, alles gut vermischen.
3. Butter in der Pfanne langsam erhitzen, mit einer Schöpfkelle etwas von dem Teig einlaufen lassen. Darauf je nach Belieben und Größe des Teigs 2 bis 4 Apfelscheiben legen.
4. Die Pfannkuchen bei mittlerer Hitze auf beiden Seiten langsam backen, bis sie braun sind.
5. Den restlichen Zucker und Zimt mischen, jeweils über einen fertigen Pfannkuchen streuen.

DAMPFAPFEL *mit Apfelweinschaum*

Zutaten für 4 Dampfäpfel

Für den Apfelwein-schaum

- 6 Blatt Gelantine
- 1 unbehandelte Zitrone
- 4 Eier
- 4 EL Zucker
- ½ l Apfelwein

Für die Dampfäpfel

- 4 mehlige Äpfel (z. B. reife Boskoop)
- 100 ml Apfelwein
- 100 ml Wasser
- 20 g Zucker

besonderes Werkzeug
- Apfelausstecher

Zeitbedarf
- 30 Minuten + 30 Minuten dämpfen + 2 Stunden ruhen

So geht's

1. Gelatine in Wasser einweichen. Etwas Zitronenschale abreiben. Mit Eiern und Zucker schaumig schlagen.
2. Wein langsam erwärmen und die Gelatine dazugeben. Gut verrühren und dann abkühlen lassen. Den kühlen Wein langsam in den Eischaum gießen und für rund 2 Stunden im Kühlschrank kalt stellen.
3. Äpfel schälen und Kerngehäuse ausstechen. Apfelwein und Wasser kurz aufkochen lassen, Zucker dazugeben. In dem Sud die Äpfel rund 30 Minuten dämpfen.
4. Jeden Dampfapfel auf einen Teller setzen. Den kühlen Weinschaum kreisförmig darum herumgießen.

QUITTEN *in Pfefferminzcreme*

Zutaten für 4 Portionen

- 2 Quitten
- ½ l Weißwein (halbtrockener Riesling)
- 100 g Akazienhonig
- 120 g Zucker
- 1 Vanilleschote

Für die Creme

- 5 Pfefferminzblätter
- 1 EL Zucker
- 200 g Crème fraîche

Zeitbedarf

- 15 Minuten + 55 Minuten garen

So geht's

1. Quitten schälen und halbieren, die Kerngehäuse entfernen.
2. Weißwein in einem Topf kurz aufkochen, Akazienhonig, Zucker und die Vanilleschote dazugeben. Bei mittlerer Hitze 15 Minuten köcheln lassen.
3. Quittenhälften dazugeben und in dem Sud etwa 40 Minuten garen lassen.
4. Für die Creme die Pfefferminzblätter waschen, trocken tupfen und fein hacken. Mit dem Zucker in die Crème fraîche einrühren.
5. Quitten aus dem Sud heben, abkühlen lassen, bis sie lauwarm sind. Mit der Creme füllen und servieren.

DIE VANILLESCHOTE selbst, nicht das Mark, ist der Hauptträger des Aromas dieser edlen Gewürzpflanze. Eine ausgekratzte und getrocknete Schote kann mehrfach verwendet werden, etwa zum Aromatisieren von Zucker, Tees oder Marmeladen.

BIRNEN-QUARK-TASCHEN

mundgerecht und nie genug

DIE HERSTELLUNG DER TÄSCHCHEN IST RECHT EINFACH, EIN IDEALER GENUSS FÜR ZWISCHENDURCH.

Zutaten für 10 Taschen

Für den Teig

- 200 g Mehl
- 2 TL Backpulver
- 125 g Quark
- 4 EL Öl
- 1 Eiweiß
- 1 Prise Salz
- 4 EL Zucker
- 1 EL Vanillezucker
- 50 g Puderzucker

Für die Füllung

- 2 mittelgroße, feste reife Birnen
- Saft von 1 unbehandelten Zitrone
- 50 ml Wasser
- 2 EL Zucker
- 1 EL Zimt
- 3 EL Vanillepudding-Pulver
- 125 g Quark
- 1 Eigelb

So geht's

1. Mehl und Backpulver sorgfältig vermischen, mit den restlichen Zutaten für den Teig in einer Schüssel gut verkneten. Den Teig gut 1 Stunde im Kühlschrank ruhen lassen **[→ a]**.
2. Birnen schälen, Kerngehäuse entfernen, würfeln **[→ b]** und mit Zitronensaft beträufeln.
3. Birnenwürfel in einen Topf mit dem Wasser geben, Zucker und Zimt dazugeben. 1 EL Puddingpulver mit 2 EL Wasser verrühren und unter die Birnen mischen. Alles etwa 5 Minuten bei schwacher Hitze köcheln **[→ c]**, anschließend abkühlen lassen.
4. Den Quark mit 2 EL Puddingpulver und 1 EL Zucker verrühren.
5. Ofen auf 200 °C (Umluft 180 °C) vorheizen. Den Teig ausrollen und acht gleichmäßige Kreise ausstechen. Dazu nimmt man am besten ein Wasserglas mit einem Durchmesser von 10 cm. Quarkmasse auf die Hälfte des Teigkreises setzen, darüber das Birnenkompott verteilen. Mit der anderen Hälfte den Teig zu einer Tasche verschließen **[→ d]**.
6. Das Eigelb mit 1 EL Wasser verrühren und damit die Oberseite der Birnen-Quark-Taschen bestreichen. 25 Minuten backen und anschließend mit Puderzucker bestäuben.

Zeitbedarf

- 50 Minuten + 1 Stunde ruhen + 25 Minuten backen

DAS IST *wirklich* WICHTIG

[a] AUSREICHEND KÜHLEN Halten Sie die Kühlzeit für den Teig ein, sonst lässt er sich nicht gut verarbeiten.

[b] BIRNEN WÜRFELN Machen Sie kleine Birnenwürfel, damit die Teigtaschen keine Beulen bekommen.

[c] BIRNENSORTE Verwenden Sie keine sehr weichen Birnensorten, diese verkochen sonst schnell zu Mus.

[d] TASCHEN GUT SCHLIESSEN Taschen sorgfältig verschließen, damit die Birnenmasse beim Backen nicht herausläuft.

POCHIERTE ÄPFEL
mit Apfel-Zabaione

DIESES DUFTIGE WEINSCHAUM-DESSERT SORGT MIT FEINEN ZIMT-AROMEN NICHT NUR AN KALTEN WINTERTAGEN FÜR WOHLIGE INNERE WÄRME.

Zutaten für 4 Portionen

4 kleine säuerliche Äpfel (z. B. Boskoop oder Granny Smith)

1 unbehandelte Zitrone

400 ml Apfelwein

50 g Zucker

1 Zimtstange

Für die Zabaione

3 Eigelb

50 g Zucker

3 EL von dem Apfelwein-Sud

1 EL Apfelschnaps

besonderes Werkzeug
- Apfelausstecher

Zeitbedarf
- 30 Minuten + 15 Minuten garen + 12 Stunden kühlen (über Nacht)

So geht's

1. Äpfel schälen, Kerngehäuse mit dem Ausstecher entfernen (dabei jeweils unten ansetzen). Etwas Zitronenschale abreiben, anschließend die Zitrone auspressen, Äpfel mit dem Saft beträufeln.
2. Den Apfelwein mit 50 g Zucker in einen Topf geben, Zitronenschale und Zimtstange dazugeben. Kurz aufkochen lassen, danach die Äpfel in den Sud setzen und etwa 15 Minuten lang bei schwacher Hitze ziehen lassen **[→ a]**. Abkühlen lassen.
3. Die Äpfel in dem Apfelwein-Sud über Nacht im Kühlschrank durchziehen lassen.
4. Am nächsten Tag für die Zabaione die Eigelbe mit 50 g Zucker verrühren und 3 EL Apfelwein aus dem Sud dazugeben. Über einem heißen Wasserbad schaumig schlagen **[→ b]**.
5. Die Äpfel auf dem Teller anrichten, mit etwas Apfelschnaps beträufeln und rundherum die Zabaione dazugießen.

DAS IST *wirklich* WICHTIG

[a] DIE ÄPFEL sollten beim Garen mit einem Teller beschwert werden, damit sie vollständig im Apfelwein liegen.

[b]

[b] ZABAIONE Schlagen Sie die Creme über einem heißen Wasserbad gut auf, sonst wird die Zabaione nicht ausreichend schaumig.

ELSÄSSER APFELKUCHEN *mit Eierguss*

IN FRANKREICHS FEINSCHMECKERPROVINZ GEHÖRT DER LECKERE APFELKUCHEN ZU DEN BELIEBTESTEN DESSERTS.

Zutaten für 1 Kuchen

Für den Mürbeteig

200 g Mehl

200 g Butter

1 Eigelb

50 g Zucker

1 Prise Salz

2 EL Wasser

4 große säuerliche Äpfel (z. B. Boskoop)

Saft von 1 unbehandelten Zitrone

Butter für die Form

Für den Eierguss

3 Eier (Größe M)

100 g Zucker

⅛ l Sahne

1 Vanilleschote

besonderes Werkzeug

- Springform (Ø 26 cm)

Zeitbedarf

- 30 Minuten + 1 Stunde ruhen + 55 Minuten backen

So geht's

1. Alle Zutaten für den Mürbeteig zügig zu einem Teig verkneten. Den Teig in Frischhaltefolie wickeln und etwa 1 Stunde im Kühlschrank ruhen lassen.
2. Ofen auf 200 °C (Umluft 180 °C) vorheizen. Äpfel schälen, vierteln, Kerngehäuse entfernen. Mit Zitronensaft beträufeln [→ a].
3. Die Springform mit etwas Butter einfetten, dann mit dem Teig auskleiden und am Rand hochziehen [→ b]. Den Boden mehrmals mit einer Gabel einstechen, damit er beim Backen keine Blasen wirft.
4. Die Apfelstücke auf dem Teigboden gleichmäßig verteilen, zwischen den einzelnen Stücken etwas Raum lassen. Anschließend etwa 35 Minuten backen.
5. Für den Guss die Eier in einer Schüssel mit dem Zucker schaumig schlagen. Sahne steif schlagen. Die Vanilleschote aufschlitzen, das Mark herauskratzen und mit der Sahne unter die Eiermasse mischen.
6. Den gebackenen Kuchen mit der Eiermasse übergießen und weitere 20 Minuten backen. Den fertigen Apfelkuchen etwas abkühlen lassen, aus der Springform nehmen und zum Erkalten auf ein Kuchengitter legen.

DAS IST *wirklich* WICHTIG

[a] ZITRONENSAFT verhindert die Oxidation. Wenn Sie die Äpfel damit beträufeln, behalten diese ihre frische Farbe und werden nicht braun.

[b] FORM AUSKLEIDEN Den Teig zu einem Rand hochziehen, sodass die Äpfel auch dort Halt finden.

[b]

SIND SO HOHE BÄUME

Wo die alten Sorten wachsen

STREUOBSTWIESEN LIEFERN NICHT NUR OBST, SIE SIND VOR ALLEM AUCH NATURNAHE PARADIESE FÜR TIER UND MENSCH.

JEDES JAHR DAS GLEICHE BILD: Da liegen sie zuhauf, quellen aus Jutesäcken, rollen von den Laderampen der Anhänger, mit denen sie vorgefahren wurden. Klein sind die Äpfel, manche dunkelgelb, andere grünstreifig, rotwangig, mit rauer Schale. Wenn man die Blätter am Stiel zwischen den Fingern zerreibt, riecht die Hand nach Wiese. In den Keltereien und in den kleinen Lohn-Mostereien in ganz Deutschland ist der Herbst die hohe Zeit des Regionalen. Dann wird dort tonnenweise Streuobst verarbeitet. Äpfel von weit her kommen in den meisten Keltereien nicht zum Zug. Auch nicht jene Äpfel, die auf den deutschen Plantagen gepflückt und dann in die Kammer geschickt werden: in Bauten, die wie Kühlhäuser aussehen, aber keine sind, sondern Räume, denen mit Apparaturen ähnlich einer Klimaanlage der Sauerstoff entzogen wird. In so einer Luft, in der ein Mensch nicht eine Stunde überleben könnte, bleiben Äpfel monatelang knackig und frisch. Ob sie eine bessere Ökobilanz haben als die Rundlinge, die mit dem Flugzeug einreisen, steht dahin.

Aber es sind ja nicht diese Früchte, von denen hier die Rede sein soll, sondern es sind die anderen, eben die dunkelgelben, grünstreifigen, rauschaligen Äpfel. Vor allem soll die Rede sein von den Flächen, auf denen sie wachsen, den Streuobstwiesen.

WAS IST EINE STREUOBSTWIESE?

Zusammenfassen kann man unter diesem Begriff alle Flächen, auf denen hochstämmige Obstbäume stehen, die nicht gespritzt oder sonst chemisch behandelt werden. Charakteristisch für Streuobstwiesen ist zudem, dass die Bäume unterschiedlich alt sind und unterschiedliche Sorten tragen. Traditionell üblich ist die landwirtschaftliche Mehrfachnutzung der Flächen: Sie dienen sowohl der Obsterzeugung als auch als Grünland – das gemähte Gras wird Heu – oder sie sind Weide für das Vieh. Bäume auf Streuobstwiesen sind knorrige Gewächse mit hohem Stamm. Was auf solchen Bäumen wächst, ist mühsam zu ernten. Im sogenannten Intensiv-Obstbau wird man deshalb nur deutlich niedrigere Bäume sehen.

WIE DIE WIESEN ENTSTANDEN SIND

Das Kultivieren von Obst in freier Landschaft hat eine noch junge Geschichte mit einem ersten Höhepunkt im 19. Jahrhundert. In der Landwirtschaft hatte neben Ackerbau der Weinbau dominiert, aber Krankheiten und Schädlinge wüteten, viele Flächen wurden für die Bepflanzung mit Reben aufgegeben. Ihre Besitzer pflanzten Obstbäume, und unter den Bäumen säten sie meist Feldfrüchte aus. Mit der Entstehung und Ausdehnung der Milchwirtschaft, als immer mehr Bauern immer mehr Kühe hielten, wurden die Äcker mit den Obstbäumen darauf immer öfter zu Wiesen, schließlich wollten die Kühe etwas fressen. Aus diesem Wandel rührt wohl der Begriff Obstwiese.

Heute werden Streuobstbestände in Deutschland auf rund 400.000 Hektar geschätzt. Seinen Schwerpunkt hat der Streuobstanbau in Süddeutschland; allein in Baden-Württemberg stehen rund 11,4 Millionen Bäume auf rund 180.000 Hektar. Rund um den Bodensee, so heißt es, seien etwas mehr als eine Million Streuobst-Bäume zu zählen. Was wächst an ihnen? Vor allem Äpfel, auch Birnen, seltener Quitten, Zwetschgen, Walnüsse.

EIN UNRÜHMLICHES KAPITEL

Rodungsprämien wurden zwischen 1970 und 1973 für alte Bäume gezahlt, damit möglichst viele Streuobstwiesen zu Tafelobst-Plantagen würden. Dass solche Umwandlungs-Anreize aufgegeben wurden, ist zum allergrößten Teil der Arbeit von Umwelt- und Naturschützern zu verdanken. Sie haben aufmerksam gemacht auf die Streuobstwiesen als Lebensraum, für Insekten und Vögel und Kleinstwesen, auf den Wert, den die Wiesen im ewigen Kreislauf der Natur haben – wenn sie gepflegt werden. Denn wenn nicht, wird aus saftigem Grün leicht ein dürrer, steppenartiger Grund, auf dem keine Blume mehr wächst und keine Biene mehr Nektar findet.

BIOTOPE FÜR MENSCH UND TIER

Etwa 20 Prozent der Streuobstwiesen in Deutschland sind in öffentlicher Hand, weitere rund 25 Prozent werden von Bauern bewirtschaftet und von Obstbrennern, der Rest gehört anderen Privatleuten. Erhaltenswert sind Streuobstwiesen aus mehreren Gründen. Sie sind Nutzflächen, die zugleich der Erholung dienen können, einen ausgleichenden Einfluss auf das Lokalklima haben und als Windbremse wirken. Vor allem aber sind sie vom Menschen geschaffene Paradiese für Tiere und Pflanzen. Mit bis zu 6.000 Arten, die sie beherbergen können, zählen sie zu den artenreichsten Lebensräumen in Mitteleuropa. In ihnen leben zwei- bis sechsmal so viele Insekten wie in den heutigen Intensiv-Obstplantagen. Oft bilden Streuobstwiesen die letzten Rückzugsgebiete für bedrohte Vögel und Fledermäuse. Nach Angaben des Naturschutzbundes Deutschland sind seit 1959 rund drei Viertel der Streuobstbestände in den alten Bundesländern verloren gegangen. Aber keine Bewegung ohne Gegenbewegung: Vielerorts gibt es Initiativen zum Erhalt der Obstwiesen. Und wer keinen Garten hat, aber selbst Obst ernten möchte, kann in zahlreichen Städten für geringes Entgelt eine Streuobstwiese pachten. Arbeit ist damit garantiert. Ertrag auch.

CREMESUPPE
mit Quitten und Äpfeln

DIE PIKANTE KREATION AUS APFEL UND QUITTE SCHMECKT HEISS ODER KALT UND PASST IN JEDE JAHRESZEIT.

Zutaten für 4 Portionen

- 1 Quitte
- 2 mittelgroße säuerliche Äpfel
- 2 Schalotten
- 2 EL Butter für das Dünsten
- 1 unbehandelte Zitrone
- 1 TL frischer Meerrettich
- 1 Prise Zucker
- 0,1 l Weißwein (am besten Riesling)
- 0,6 l Gemüse-, Kalbs- oder Geflügelfond
- 100 g kalte Butter
- 0,2 l Sahne (33 %)
- 1 EL Calvados
- Salz, Pfeffer aus der Mühle

besonderes Werkzeug

- Pürierstab
- Gemüsereibe

Zeitbedarf

- 30 Minuten + 15 Minuten garen

So geht's

1. Die Quitten schälen, vierteln und vom Kerngehäuse befreien, mit einer Raspel grob reiben, anschließend mit dem Pürierstab zu Mus verarbeiten.
2. Äpfel schälen, vierteln, vom Kerngehäuse befreien und zu einem feinen Mus reiben.
3. Quitten- und Apfelmus durch ein Sieb streichen **[→ a]**.
4. Schalotten schälen, klein würfeln und in Butter im Topf glasig werden lassen. Etwas Zitronenschale abreiben, mit Meerrettich und Zucker zu den Schalotten geben und kurz mitdünsten. Mit Weißwein ablöschen und den Fond dazugießen.
5. Dazu das Quitten- und Apfelmus geben und alles kurz aufkochen lassen. Danach den Topf vom Herd ziehen. Die kalte Butter und die Sahne dazugeben **[→ b]**, Suppe pürieren. Calvados hinzugießen.
6. Bei schwacher Hitze die Suppe rund 10 Minuten ziehen lassen, mit Pfeffer und Salz abschmecken und sofort servieren.

[a]

DAS IST *wirklich* WICHTIG

[a] OBST PASSIEREN Quitte und Äpfel müssen zu Mus verarbeitet und unbedingt durch ein Sieb gestrichen werden, damit ein feiner Brei entsteht. Dieser verleiht der Suppe ihre feine, sämige Konsistenz.

[b] SUPPE BINDEN Nachdem Sie Butter und Sahne eingerührt haben, sollte die Suppe nicht mehr aufkochen. Sie verliert sonst ihre sämige Bindung.

DAS IST *wirklich* WICHTIG

[a] TEMPERATUR Das Fleisch nicht zu heiß schmoren lassen, sonst wird es zäh. Lieber länger im Ofen lassen. Faustregel bei Schweinefleisch: mindestens 1 Stunde je Kilogramm garen.

[b] RUHEZEIT Jeden Braten nach Ende der Schmorzeit eine Weile ruhen lassen. So verteilt sich der Saft im gesamten Stück und das Fleisch wird zarter.

APFELSCHMORBRATEN

ein echtes Verwöhn-Essen

... UND IN DER KÜCHE WIRD ES VERLOCKEND DUFTEN:
EIN FEINER SONNTAGSBRATEN FÜR FREUNDE UND FAMILIE

Zutaten für 4 Portionen

- 1 kg Bio-Schweineschulter
- Salz, Pfeffer aus der Mühle
- 1 TL edelsüßes Paprikapulver
- 400 g Zwiebeln
- 600 g säuerliche Äpfel (z. B. Boskoop oder Elstar)
- Butterschmalz zum Anbraten
- 300 ml trockener Weißwein (am besten Riesling)
- 50 g Crème fraîche (ersatzweise saure Sahne)

besonderes Werkzeug

- Bräter oder Schmortopf mit fest schließendem Deckel
- Alufolie

Zeitbedarf

- 30 Minuten + 1 ½ Stunden schmoren + 10 Minuten ruhen

So geht's

1. Fleisch waschen, trocken tupfen, mit Salz, Pfeffer und Paprikapulver einreiben. Backofen auf 200 °C (Umluft 180 °C) vorheizen.
2. Zwiebeln schälen und hacken. Äpfel vierteln, entkernen, schälen und in mittelgroße Würfel schneiden. Butter im Bräter erhitzen. Dann das Fleisch im Ganzen von allen Seiten kräftig darin anbraten, anschließend die Hitze reduzieren. Zwei Drittel der Zwiebeln und die Hälfte der Apfelwürfel zu dem Fleisch geben. Nach ein paar Minuten mit der Hälfte des Weißweins ablöschen.
3. Das Fleisch 1 ½ Stunden im zugedeckten Topf schmoren lassen [→ a]. Während dieser Zeit mehrmals wenden und mit dem Schmorsaft übergießen.
4. Fleisch herausnehmen, in Alufolie wickeln und 10 Minuten ruhen lassen [→ b]. Die Flüssigkeit im Topf durch ein Sieb gießen und auffangen. Mit dem restlichen Wein und den restlichen Äpfeln aufkochen.
5. Crème fraîche einrühren, salzen und pfeffern. Restliche Zwiebeln rösten, einrühren. Fleisch tranchieren und mit der Sauce anrichten. Mit Kartoffelklößen servieren.

WENIGER SCHÄRFE hat die Sauce, wenn die gesamte Menge Zwiebeln von Anfang an mitkocht wird.

APFELPASTETE
schön herzhaft

Zutaten für 1 Pastete

- 3 mittelgroße Äpfel
- Saft von 1 Zitrone
- 200 ml Apfelwein
- 20 g glatte Petersilie
- 9 Blatt Gelatine
- 350 g frische grobe Leberwurst
- Salz, Pfeffer aus der Mühle
- 50 ml Calvados

besonderes Werkzeug
- Pastetenform

Zeitbedarf
- 20 Minuten + 2 Stunden kühlen

So geht's

1. Äpfel schälen, vierteln, Kerngehäuse entfernen. 2 Äpfel in Würfel, 1 Apfel in sehr feine Spalten schneiden. Alles mit Zitronensaft beträufeln.
2. Den Apfelwein erhitzen. Gewürfelte Äpfel darin kurz blanchieren, herausnehmen. Den Apfelwein im Topf lassen. Die Petersilie fein hacken. Gelatineblätter in kaltem Wasser einweichen.
3. Leberwurst ohne Schale in eine Schüssel geben. Die gehackte Petersilie und die gewürfelten Äpfel dazugeben, vermischen. Mit Salz, schwarzem Pfeffer und Calvados abschmecken.
4. Die Gelatineblätter gut ausdrücken und in dem heißen Apfelwein auflösen. Mit einem Holzlöffel vorsichtig rühren, bis eine dünnflüssig-geleeartige Masse entstanden ist.
5. Pastetenform mit Folie auslegen, etwas Gelatine-Masse einfüllen. Erstarren lassen, dann mit den Apfelspalten auslegen. Restliche Gelatine zu der Wurst geben, Mischung ebenfalls in die Form füllen. Kühl stellen. Vor dem Anrichten stürzen.

QUITTENAUFLAUF
mit Apfelweinsauce

Zutaten für 4 Portionen

- 2 große Quitten
- 1 EL Cointreau
- 25 g Butter
- ½ l Milch
- 1 EL Zimt
- 30 g Mehl
- 3 Eigelb
- 3 Eiweiß
- 50 g Zucker
- 100 ml Apfelwein
- 1 TL Speisestärke

besonderes Werkzeug
- Auflaufform (ca. 35 x 25 cm)

Zeitbedarf
- 30 Minuten + 35 Minuten backen

So geht's

1. Die Quitten mit einem trockenen Tuch abreiben, waschen, schälen, Kerngehäuse entfernen und würfeln. Die Würfel mit Cointreau beträufeln.
2. Die Butter in einem Topf langsam erhitzen, Milch und Zimt dazugeben, zum Kochen bringen und Mehl einrühren. Danach etwas abkühlen lassen und erst dann die Eigelbe dazugießen. Sorgfältig verrühren.
3. Ofen auf 220 °C (Umluft 200 °C) vorheizen. Die Eiweiße mit der Hälfte des Zuckers steif schlagen und in die Milchcreme unterheben, danach die Quittenwürfel in die Masse einrühren.
4. Masse in die gefettete Auflaufform füllen und etwa 35 Minuten backen.
5. Inzwischen Apfelwein mit dem restlichen Zucker aufkochen. Die Speisestärke mit etwas Wasser anrühren und zu dem Apfelwein geben.
6. Den Quittenauflauf heiß auf den Teller stürzen und mit der Apfelweinsauce anrichten.

SCHLESISCHE APFELKLÖSSE

zum Glück nur fast vergessen

Zutaten für 4 Portionen

- ½ kg würzig-fruchtige Äpfel (vorzugsweise Elstar)
- 1 Ei (Größe M)
- 3 EL Milch
- 150 g Mehl
- Salz
- ½ l Wasser
- 50 g Butter
- 2 EL Zucker
- 2 EL Zimt

besonderes Werkzeug

- Küchenmaschine

Zeitbedarf

- 20 Minuten + 10 Minuten garen

So geht's

1. Äpfel schälen, vierteln, vom Kerngehäuse befreien und in Stücke schneiden. In der Küchenmaschine zerkleinern.
2. Das Ei in einer Schüssel mit Milch, Mehl und Salz sowie der Apfelmasse vermischen, bis ein fester Teig entstanden ist.
3. Leicht gesalzenes Wasser zum Kochen bringen. Währenddessen Hände mit etwas Mehl bestäuben und aus der Masse kleine Klöße formen. In dem Wasser bei schwacher Hitze 10 Minuten lang ziehen lassen. Klöße herausnehmen, abtropfen lassen und auf einen vorgewärmten Teller setzen.
4. In einem kleinen Topf die Butter erhitzen. Kurz abkühlen lassen, Zucker und Zimt zu der geschmolzenen Butter geben. Die fertigen Klöße mit der süßen Buttersauce übergießen.

SAFTIGE ÄPFEL machen den Teig gerne etwas zu flüssig. Geben Sie dann etwas mehr Mehl dazu, damit eine formbare Masse entsteht.

KLÖSSE GAR ZIEHEN Wenn die Klöße an die Oberfläche gestiegen sind, noch weitere 5 Minuten im heißen Wasser ziehen lassen.

DAS IST *wirklich* WICHTIG

[a] MAYONNAISE Beim Schlagen der Mayonnaise nicht zu schnell aufgeben. Es braucht eine Weile, bis sie die richtige Konsistenz hat.

[b] GARNIERUNG Schnittlauch sparsam dosieren, sonst wird der Salat etwas zu scharf.

[a]

APFEL-SELLERIE-SALAT
nach Waldorf-Art

DER SALAT HEISST NACH DEM LEGENDÄREN HOTEL IN NEW YORK, DER KÜCHEN-KLASSIKER KOMMT HIER IN FRUCHTIGER ABWANDLUNG.

Zutaten für 4 Portionen

- 1 Eigelb
- 1 TL Senf
- 5 EL Weißweinessig
- 150 ml Öl (am besten Distelöl)
- 100 g Joghurt
- Salz, Pfeffer aus der Mühle
- Muskatnuss
- 8 Stangen Sellerie
- 4 säuerliche, feste Äpfel (z. B. Elstar oder Granny Smith)
- 8 frische Wachteleier (ersatzweise eingelegt)
- 8 Cocktailtomaten
- 1 großer Kopf Radicchio
- 100 g frische Walnusskerne
- ¼ Bund Schnittlauch

Zeitbedarf

- 35 Minuten

So geht's

1. Eigelb mit Senf, Essig und Öl verrühren. Gut verquirlen, bis eine leichte, samtige Masse entstanden ist **[→ a]**. Joghurt unterrühren, mit Salz, Pfeffer und Muskat würzen.
2. Sellerie mit Sparschäler dünn abziehen, in 2 cm dicke Stücke schneiden, unter die Joghurt-Mayonnaise mengen. Äpfel schälen, vierteln, entkernen und in feine Würfel schneiden. Ebenfalls vorsichtig unterheben.
3. Wachteleier in kochendem Wasser in etwa 5 Minuten hartkochen. Abschrecken, pellen, halbieren. Tomaten waschen, halbieren, Strünke vorsichtig herausschneiden.
4. Radicchio vorsichtig auseinandernehmen, Blätter waschen und feste weiße Rippen herausschneiden.
5. Radicchio-Blätter auf Tellern auslegen. Den Apfel-Sellerie-Salat auf die Blätter geben. Jeden Teller mit vier halben Wachteleiern und vier halben Cocktailtomaten garnieren. Walnüsse grob hacken, Schnittlauch fein hacken **[→ b]**, beides auf den Salat streuen.

FÜR DIE MAYONNAISE **muss das Eigelb absolut frisch sein, sonst wagt man den rohen Verzehr besser nicht. Wer lieber Fertigmayonnaise verwendet, sollte auf ein fettreduziertes Produkt achten und dieses mit gutem Essig und etwas Senf veredeln.**

Die Varianten

Eier
Wer Schwierigkeiten hat, Wachteleier zu bekommen, kann auch Hühnereier nehmen.

Ananas
Gut schmeckt dieser Salat auch mit ein wenig frischer Ananas und mit ganz dünn gehobeltem, aromatischem Käse anstelle der Walnüsse.

[c]

DAS IST *wirklich* WICHTIG

[a] TEMPERATUR Das Fleisch nicht zu heiß anbraten und später die Temperatur im mittleren Bereich halten, sonst wird es trocken. Bei schwacher Temperatur kann man so gut wie nichts falsch machen.

[b] ANWÄRMEN Milch und die Gemüsebrühe sollten warm sein, wenn sie aufgegossen werden.

[c] KONSISTENZ DER SAUCE Wenn die Sauce zu stark reduziert wird, immer wieder Brühe dazugießen und am Schluss noch etwas Kokosmilch.

LAMMEINTOPF
mit Quitten

EIN HERZHAFTES GERICHT MIT ORIENTALISCHER NOTE. AUFGEWÄRMT SCHMECKEN EINTÖPFE NOCH EINMAL SO GUT. FALLS ETWAS ÜBRIG BLEIBT …

Zutaten für 4 Portionen

- Meersalz
- 600 g gewürfeltes Bio-Lammgulasch
- 20 g Butter
- 300 ml Kokosmilch (ersatzweise Vollmilch)
- 400 ml Gemüsebrühe
- 4 EL rote Currypaste
- 20 g Zucker
- 600 g Quitten
- Pfeffer aus der Mühle
- 2 EL frischer Koriander
- 6 Kaffernlimetten-Blätter

besonderes Werkzeug

- Schmortopf

Zeitbedarf

- 40 Minuten + 1 ½ Stunden schmoren

So geht's

1. Meersalz auf ein Küchenbrett streuen, Fleischwürfel mit der flachen Hand darüberrollen. Die Butter in einem Topf heiß werden lassen und das Fleisch portionsweise anbraten [→ a], herausnehmen und abdecken.
2. Kokosmilch erwärmen. Die Hälfte der Gemüsebrühe in den noch heißen Topf geben. Jetzt mit dem Schneebesen die Currypaste und den Zucker einrühren. Restliche Brühe und Kokosmilch dazugießen [→ b], aufkochen lassen.
3. Das Fleisch wieder in den Topf geben und alles bei mittlerer Hitze zugedeckt schmoren lassen.
4. Quitten mit einem Tuch abreiben, waschen, dünn schälen, vierteln, Kerngehäuse entfernen. In wenig Wasser etwa 5 Minuten dünsten, dann zu dem Fleisch geben. Alles zusammen unter häufigem Rühren 1 ½ Stunden schmoren lassen [→ c]. Wenn das Fleisch danach noch zu fest ist, Schmorzeit verlängern.
5. Lamm-Quitten-Eintopf mit wenig Salz noch einmal abschmecken, mit Pfeffer würzen. Koriander und in Streifen geschnittene Limettenblätter dazugeben.

Die Varianten

Hähnchen
Wer kein Lamm mag, kann sich an einem Quitten-Hähnchen-Topf versuchen: 4 streifig geschnittene Hähnchenbrustfilets verwenden und grüne Currypaste statt der roten. Mit den Quitten das Schmoren beginnen, weil das Geflügel eine kürzere Garzeit hat als Lammfleisch.

Rind
Wenn Sie gern Rindfleisch verwenden möchten, verarbeiten Sie es genauso wie das Lamm.

ZU DIESEM SCHMORTOPF passt Reis oder einfach nur leicht geröstetes Fladenbrot.

QUITTENKUCHEN *mit Vanillecreme*

Zutaten für 4 Portionen

- 200 g Mehl
- 160 g Zucker
- 1 Msp. Salz
- ½ TL Zitronensaft
- 80 g Butter
- 100 ml kalte Milch
- Öl für die Form
- 4 große Quitten
- 250 ml Wasser
- 1 Pkg. Bio-Vanille-pudding-Pulver
- 2 EL Orangensaft
- 200 ml Apfelsaft
- 1 Ei

besonderes Werkzeug
- Springform (Ø 26 cm)

Zeitbedarf
- 55 Minuten + 45 Minuten backen

So geht's

1. Ofen auf 180 °C (Umluft 160 °C) vorheizen. Mehl, die Hälfte des Zuckers, Salz, Zitronensaft, Butter und die Hälfte der Milch verrühren. Falls die Masse zu trocken ist, noch Milch dazugeben.
2. Teig mit den Händen fertig kneten. Wenn er zu feucht ist, noch Mehl dazugeben.
3. Form einfetten, mit dem Teig auskleiden. Teig den halben Rand hochziehen, Boden mit einer Gabel mehrmals einstechen. 30 Minuten kühl stellen.
4. Quitten mit einem Tuch abreiben, waschen, schälen, vierteln, Kerngehäuse entfernen. In etwa 30 Minuten weich kochen.
5. Puddingpulver mit Orangensaft verrühren, mit Apfelsaft und dem restlichen Zucker kochen. Ei trennen, Eigelb in den heißen Pudding rühren. Eiweiß schlagen, auf dem Teig verstreichen. Quitten auflegen, Pudding darübergießen. 45 Minuten backen und anschließend zuckern.

QUITTENDESSERT *türkische Art*

Zutaten für 4 Portionen

- 2 kg Quitten
- 6 EL Apfelgelee (Rezept auf Seite 15)
- 100 g Butter
- 8 EL Zucker
- 200 ml Sahne

Zeitbedarf
- 20 Minuten + 2 x 1 Stunde schmoren

So geht's

1. Backofen auf 200 °C (Umluft 180 °C) vorheizen. Backblech mit Alufolie auslegen. Quitten mit einem Tuch abreiben, waschen, auf das Blech legen. Etwa 1 Stunde schmoren, bis sie weich sind (auf Druck müssen sie leicht nachgeben).
2. Abgekühlte Quitten halbieren, Kerngehäuse entfernen. Mit der Schnittseite nach oben wieder auf das Blech legen. Gelee mit etwas Wasser und einer Gabel glatt rühren. Quitten mit Butter und Gelee bestreichen, mit Zucker bestreuen.
3. Quitten wieder in den Ofen geben, nochmals 1 Stunde schmoren lassen. Kurz vor Ende der Garzeit den Grill anschalten, die Früchte bekommen dadurch eine schöne Kruste. Sahne steif schlagen, zu den Quitten servieren.

QUITTENMOUSSE

herb-elegante Erfrischung

Zutaten für 4 Portionen

- 2 Quitten
- 200 ml trockener Weißwein
- ½ Vanilleschote
- Saft von 1 unbehandelten Zitrone
- 80 g Zucker
- 5 Blatt Gelatine
- 2 EL Birnenschnaps
- ¼ l Sahne
- 3 Eigelb

besonderes Werkzeug

- längliche Backform
- Pürierstab

Zeitbedarf

- 40 Minuten + 4 Stunden kühlen

So geht's

1. Die Quitten waschen, schälen, Kerngehäuse entfernen, in kleine Stücke schneiden. Mit dem Weißwein in einen Topf geben.
2. Vanilleschoten längs aufschlitzen, mit Zitronensaft und der Hälfte des Zuckers zu den Quitten geben und 10 bis 15 Minuten kochen, bis sie weich sind.
3. Danach Vanilleschote entfernen und den Rest pürieren. Abkühlen lassen.
4. Die Gelatine in kaltem Wasser einweichen und die durchtränkten Blätter in einem kleinen Topf bei mittlerer Hitze langsam auflösen. Birnenschnaps dazugeben, Masse unter die kühlen pürierten Quitten rühren.
5. Die Eigelbe mit dem restlichen Zucker in einer Schüssel zu einer luftigen Creme aufschlagen, gut unter die Masse mischen.
6. Sahne steif schlagen und vorsichtig unter die Masse heben. Das Ganze in die Backform füllen und mindestens 4 Stunden in den Kühlschrank stellen.

HÄHNCHENBRUST
auf Birnen-Sauerkraut

DER SCHMORTOPF VEREINT SAUERKRAUT, BIRNEN, HUHN UND SCHINKEN ZU EINEM HERZHAFT-WÜRZIGEN GERICHT MIT FEINEN FRUCHTNOTEN.

Zutaten für 4 Portionen

- 2 reife Birnen (z. B. Williams Christ)
- Saft von 1 Zitrone
- 4 frische Hähnchenbrüste
- Salz, Pfeffer aus der Mühle
- 200 g dünne Scheiben Schinkenspeck
- 2 Schalotten
- 2 EL Öl
- 1 EL Honig
- 600 g Sauerkraut
- 100 ml Apfelwein

Zeitbedarf

- 30 Minuten + 1 Stunde garen

So geht's

1. Birnen schälen, vom Kerngehäuse befreien und in gleichmäßige kleine Würfel schneiden. Darüber den Zitronensaft träufeln.
2. Hähnchenbrüste abwaschen und trocken tupfen. Mit Salz und Pfeffer würzen. Danach mit dem Schinkenspeck umwickeln [→ a].
3. Schalotten schälen und klein würfeln. Öl in einem Topf erhitzen, Schalotten darin langsam glasig werden lassen, Honig dazugeben.
4. Sauerkraut zu den Schalotten geben und mit dem Apfelwein aufgießen. Jetzt die Birnenwürfel bei mittlerer Flamme unter das Sauerkraut mischen.
5. Die eingewickelten Hähnchenbrüste auf das Sauerkraut legen. In dem Topf zugedeckt bei schwacher Hitze etwa eine Stunde schmoren lassen.

Salzkartoffeln und Kartoffelpüree sind eine gute Beilage zu diesem würzigen Gericht.

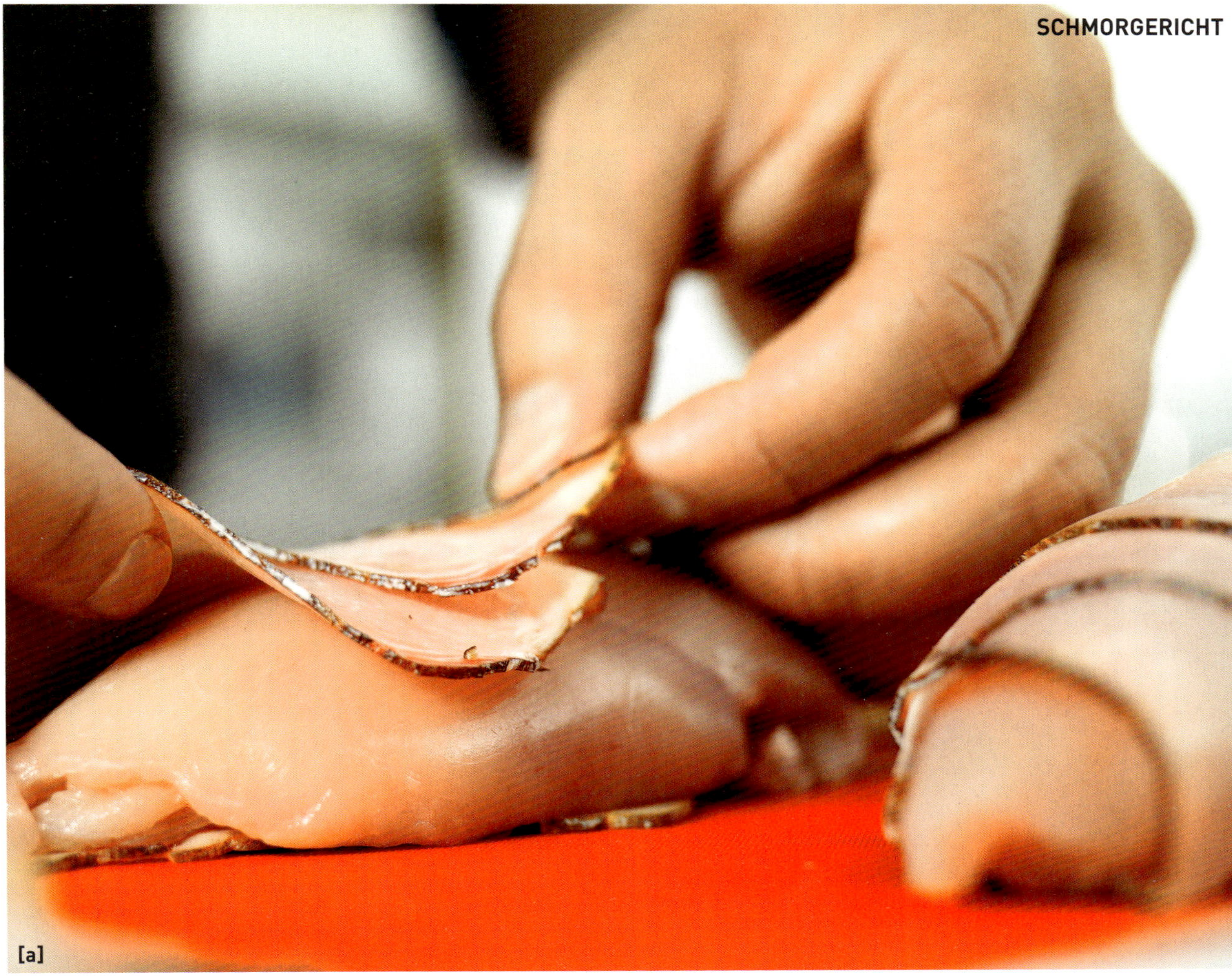

[a]

DAS IST *wirklich* WICHTIG

[a] SCHINKENSPECK Die gewürzten Hähnchenbrüste möglichst komplett mit dem Speck umwickeln, damit das Fleisch den Schinkengeschmack annehmen kann.

EDEL GEBRANNTES

Das Spiel mit den Temperaturen

IM BRENNKESSEL BLUBBERT UND BRODELT ES UND ÄPFEL, BIRNEN UND QUITTEN VERWANDELN SICH IN FEINSTE DESTILLATE.

MIT EINFACHEM SCHNAPS oder gar Fusel hat das nichts zu tun, was Hubertus Vallendar in seiner Destillerie in Kail, einem kleinen Dorf auf den Eifelhöhen oberhalb von Cochem, aus den Kesseln laufen lässt. Wenn der stattliche Mann mit seinen großen Händen und dem kritischen Blick das Obst begutachtet, aus dem einmal hochprozentige Kunstwerke werden sollen, dann spürt man die Leidenschaft, die Vallendar für seinen Beruf mitbringt. Sein Handwerk betreibt der Quereinsteiger in die Brennwelt aus Passion. Seine Produkte sind edel. Seine Rohware ist es auch, selbst wenn sie in ihrem Aussehen so gar nicht der blank polierten Optik von Supermarktware entspricht.

DIE LANGE SUCHE NACH DEN SPITZENROHSTOFFEN

Gutes und vor allem naturbelassenes Obst zu finden war in einer zunehmend standardisierten Warenwelt gar nicht so einfach, für Vallendar die erste große Herausforderung in seinem neuen Beruf. Immer auf der Suche nach natürlichen Qualitäten streifte er am Anfang seiner Brennkarriere kreuz und quer durch Streuobstwiesen, besuchte kleine Obstbauern und erzählte ihnen von seiner Vision, aus Obst sinnliche Genüsse zu brennen. Mittlerweile hat er verlässliche Lieferanten gefunden, denn für Vallendar garantiert nur ein gutes Ausgangsprodukt am Ende die Bezeichnung „Edeldestillat“ und rechtfertigt einen angemessenen Preis. Der kann schon einmal bei rund 90 Euro für den halben Liter liegen.

EDELDESTILLATE AUS EDELOBST

Doch längst nicht alles, was unter freiem Himmel wächst, genügt Vallendars hohen Ansprüchen, und nicht immer liegt das Gute auch nahe. Seit Jahren setzt er bei seinem mehrfach prämierten „Williamsbrand“ auf die besonders saftigen Williams-Birnen aus dem französischen Rhônetal, und für seinen „Quittenbrand“ verwendet Hubertus Vallendar die feinaromatischen steirischen Birnenquitten. Doch auch Obst aus heimatlichen Gefilden findet den Weg in Vallendars Destillerie. Von den nahen Moselhöhen kommen die Äpfel, aus denen der „Rheinische Bohnapfel“ gebrannt wird. Aus eigenem Anbau stammen die knackigen, sehr saftigen und außergewöhnlich aromatischen Rubinetten, eine Kreuzung aus Golden Delicious und Cox Orange. Schon beim Anblick der Äpfel läuft einem das Wasser im Mund zusammen, die schonende Veredelung in Vallendars Destillerie macht daraus den fruchtig-frischen „Apfelbrand Rubinette“.

GUTE NASE UND DIE RICHTIGE TEMPERATUR

Doch erst wenn es in den Brennkesseln blubbert und rauscht, beginnt die eigentliche Kunst des Brennens. Dann sind Fingerspitzengefühl, eine gute Nase und vor allem Erfahrung gefragt, um im Spiel mit den Temperaturen in einem langen Brennprozess den Früchten das beste Aroma zu entlocken. Denn die Kunst des Destillierens besteht darin, möglichst wenig der filigranen Aromen durch Hitze zu zerstören. Die Höhe der Temperatur und ihre Einwirkzeit auf den Alkohol, der sich bei der Gärung aus dem Zucker der Früchte gebildet hat, spielt dabei die zentrale Rolle. Hubertus Vallendar beherrscht diese schwierige Gratwanderung, als hätte er nie etwas anderes im Leben gemacht. Zufrieden ist er erst dann, wenn es in seinen Produkten weit mehr zu entdecken gibt als nur die wohlige Wärme des Alkohols, die sich nach dem ersten Schluck schlagartig im ganzen Körper ausbreitet. Kein raues Kratzen am Gaumen, kein scharfes Brennen auf der Zunge und kein bitterer Nachgeschmack dürfen das aromatische Trinkvergnügen trüben, das ist sein Anspruch. Und er schafft es immer wieder, dass seine Destillate intensive aromatische Begegnungen mit Apfel, Birne oder Quitte sind, die wunderbar zart die Kehle hinunterlaufen.

Quitte

KALBSLEBER
mit Birnen-Chili-Kompott

DIE ZARTE LEBER SCHMECKT IN BEGLEITUNG DIESES RAFFINIERTEN, PIKANT-SCHARFEN BIRNENKOMPOTTS NOCH EINMAL SO GUT.

Zutaten für 4 Portionen

- 4 reife Birnen
- 4 EL Birnensaft
- Saft von 1 unbehandelten Zitrone
- 2 rote Chilischoten
- 2 Lorbeerblätter
- 2 Sternanis
- Salz
- 4 Kalbslebern
- 4 EL Mehl
- 100 g Butter

Zeitbedarf

- 20 Minuten + 20 Minuten garen

So geht's

1. Birnen schälen, vierteln, vom Kerngehäuse befreien und klein würfeln. Birnenstücke in einen Topf geben und den Birnen- und Zitronensaft **[→ a]** dazugießen.
2. Chilischoten waschen, längs aufschneiden, Kerne entfernen. Mit Lorbeer, Sternanis und Salz zu den Birnen geben, einmal aufkochen lassen. Danach bei mittlerer Hitze rund 10 Minuten köcheln, bis die Birnen weich sind.
3. Die Kalbslebern waschen, trocken tupfen und die großen Sehnen entfernen **[→ b]**. In Mehl wenden.
4. Butter in einer Pfanne langsam erhitzen. Darin die Lebern etwa 3 Minuten auf jeder Seite braten **[→ c]**.
5. Lebern auf Tellern mit dem Birnenkompott anrichten. Dazu werden Kartoffeln serviert.

KALBSLEBER ist besonders reich an Vitamin A, den Vitaminen der B-Gruppe sowie Eiweiß. Achten Sie beim Einkauf darauf, dass die Oberfläche glänzt – das ist ein Zeichen von Frische.

DAS IST *wirklich* WICHTIG

[a] BIRNENFARBE Zitronensaft verhindert, dass sich die Birnen braun färben.

[b] SEHNEN HERAUSSCHNEIDEN Die sichtbar großen Sehnen mit einem scharfen Messer entfernen, damit die Leber beim Backen gleichmäßig zart wird.

[c] SCHWACHE HITZE Die Butter vorsichtig erhitzen, sonst verbrennt die Leber mit dem Fett.

DAS IST *wirklich* WICHTIG

[a] HEFE AUFLÖSEN Die Hefe unbedingt in warmem Wasser auflösen, damit sie ihre Backfähigkeit entfaltet.

[b] ZWIEBELN DÜNSTEN Die Zwiebeln nur glasig werden lassen, nicht anbräunen, damit keine intensiven Röstaromen entstehen.

BIRNEN-PIZZA
mit Schinken und Crème fraîche

KUCHEN ODER PIZZA: BIRNEN, ZWIEBELN, EI UND SCHINKEN IM OFEN AUF TEIG GEBACKEN SIND EINE UNSCHLAGBARE KOMBINATION.

Zutaten für 1 Backblech

Für den Teig

- 15 g frische Hefe
- 100 ml lauwarmes Wasser
- 200 g Mehl
- 1 TL Salz
- 2 EL Öl

Für den Belag

- 500 g süße, aromatische Birnen (z. B. Williams Christ oder Conference)
- 3 große Zwiebeln
- 1 EL Öl
- 2 Blätter Basilikum
- 200 g Crème fraîche
- 3 Eier
- Salz, Pfeffer aus der Mühle
- 150 g dünne Scheiben Rohschinken

besonderes Werkzeug

- Nudelholz

Zeitbedarf

- 30 Minuten + 1 Stunde ruhen + 30 Minuten backen

So geht's

1. Die Hefe in lauwarmem Wasser auflösen [→ a]. Mehl und Salz in einer anderen Schüssel vermischen, dann eine Mulde in das Mehl drücken. Hefewasser hineingießen und mit dem Mehl vermischen. Die Schüssel anschließend 20 Minuten mit einem Geschirrtuch zudecken und ruhen lassen.
2. Nach der Ruhezeit Öl dazugeben und den Teig kneten, bis er sich von der Schüssel löst. Anschließend den Teig erneut 40 Minuten zugedeckt ruhen lassen. Noch einmal durchkneten und, falls er noch klebt, etwas Mehl dazugeben.
3. Ofen auf 180 °C (Umluft 160 °C) vorheizen. Birnen schälen, vierteln, entkernen und in dünne Spalten schneiden.
4. Zwiebeln schälen und längs in Streifen schneiden, kurz in Öl glasig werden lassen [→ b].
5. Basilikum waschen, trocken tupfen und klein hacken. Mit der Crème fraîche in einer Schüssel verrühren, Eier dazugeben. Mit Pfeffer und Salz abschmecken.
6. Pizzateig dünn ausrollen und auf ein mit Backpapier ausgelegtes Blech legen. Den Teig mit den Birnenspalten, Zwiebeln und dem Schinken belegen. Mit der Crème fraîche gleichmäßig übergießen. Im Backofen 30 Minuten backen.

HÄHNCHEN *in Apfelweinsauce*

UNKOMPLIZIERT UND HERZHAFT: IN DER BRETAGNE STEHT DIESES DEFTIGE PFANNENGERICHT GANZ OBEN AUF DER BELIEBTHEITSSKALA.

Zutaten für 4 Portionen

- 1 frisches Hähnchen (ca. 1,5 kg)
- Salz, Pfeffer aus der Mühle
- 4 EL Mehl
- 2 EL Öl
- 3 EL Butterschmalz
- 4 EL Calvados (ersatzweise Apfelschnaps)
- 500 g saure Äpfel (z. B. Boskoop oder Alkmene)
- 10 kleine Schalotten
- 50 g gesalzene Butter
- 250 ml Apfelwein

besonderes Werkzeug
- Geflügelschere oder schweres Messer

Zeitbedarf
- 30 Minuten + 30 Minuten garen

So geht's

1. Das Hähnchen mit der Geflügelschere oder einem schweren Messer in vier Stücke zerteilen **[→ a]**, salzen und pfeffern. Die Teile in Mehl wenden **[→ b]**.
2. Öl und Butterschmalz in der Pfanne erhitzen und die Hähnchenteile auf beiden Seiten 5 Minuten goldbraun braten. Danach 2 EL Calvados dazugeben und einkochen lassen. Hähnchenteile abdecken und warm stellen.
3. Äpfel schälen, vierteln, Kerngehäuse entfernen und in 1 cm dicke Ringe schneiden. Schalotten schälen.
4. Die gesalzene Butter in einer zweiten Pfanne erhitzen und darin Schalotten und Apfelringe glasig werden lassen. Mit dem restlichen Calvados ablöschen.
5. Den Apfelwein zu den Apfelringen in die Pfanne geben und rund 10 bis 15 Minuten reduzierend kochen **[→ c]**.
6. Die Hähnchenteile in die Pfanne zu den Apfelringen geben und das Ganze etwa 10 Minuten bei mittlerer Hitze ziehen lassen.

[a]

DAS IST *wirklich* WICHTIG

[a] HÄHNCHEN VIERTELN Das Hähnchen einmal in der Mitte in zwei Hälften schneiden, dann diese Hälften nochmals halbieren.

[b] HÄHNCHEN MEHLEN Die Hähnchenteile gleichmäßig im Mehl wenden, damit sie nicht am Pfannenboden ankleben.

[c] KONSISTENZ DER SAUCE Den Apfelwein gut einkochen, bis eine zähflüssige Sauce entstanden ist.

BIRNEN, BOHNEN *und Speck*

DER KULINARISCHE DREIKLANG AUS NORDDEUTSCHLAND MIT PIKANTER WÜRZE IST NICHT NUR IN WINDIGEN KÜSTENGEGENDEN BELIEBT.

Zutaten für 4 Portionen

- 4 Zwiebeln
- 400 g durchwachsener, geräucherter Speck ohne Schwarte (am Stück)
- 600 ml Gemüsebrühe
- 500 g grüne Bohnen
- Salz, Pfeffer aus der Mühle
- 1 TL gehacktes Bohnenkraut
- 4 reife Birnen (z. B. Williams Christ oder Gellerts Butterbirne)
- evtl. 3 EL Speisestärke zum Binden
- 1 Bund krause Petersilie

Zeitbedarf

- 30 Minuten + 45 Minuten garen

So geht's

1. Die Zwiebeln schälen, halbieren und in feine Streifen schneiden. Zusammen mit dem Speckstück in einen mittelgroßen Topf geben. Gemüsebrühe dazugießen, kurz aufkochen lassen, danach 20 Minuten bei schwacher Hitze garen **[→ a]**. Anschließend den Speck herausnehmen, in 1 cm dicke Scheiben schneiden und warm stellen.
2. Die Bohnen waschen und putzen, in mundgerechte Stücke schneiden und in den Sud legen. Mit Pfeffer und Salz abschmecken und mit dem Bohnenkraut würzen. Den Sud langsam zum Kochen bringen, anschließend bei mittlerer Hitze rund 15 Minuten garen lassen.
3. Birnen schälen, vierteln und entkernen. Birnenspalten zu den Bohnen geben und weitere 10 Minuten ziehen lassen **[→ b]**.
4. Die gegarten Bohnen zusammen mit den Birnen und dem Speck anrichten und warm stellen. Anschließend den Sud bei starker Hitze etwas reduzieren lassen und über die Bohnen gießen. Ersatzweise kann der Sud auch mit etwas Speisestärke verrührt werden. Petersilie waschen, trocken tupfen und fein hacken und über das Gericht streuen.

SALZKARTOFFELN sind die klassischen Begleiter zu diesem hanseatischen Gericht.

DAS IST *wirklich* WICHTIG

[a] SANFT GAREN Speck und Zwiebeln dürfen in der Gemüsebrühe nicht kochen, sondern nur langsam gar ziehen.

[b] BIRNEN NICHT KOCHEN Die Birnenspalten nicht aufkochen, sonst zerfallen sie.

[a]

DAS IST *wirklich* WICHTIG

[a] FÜLLUNG Damit die Füllung im Inneren bleibt, die Gans am besten mit Küchengarn zunähen oder mit Zahnstochern verschließen.

[b] GARZEIT Je Kilogramm Gewicht rechnet man mit rund eine Stunde Garzeit. Aber Achtung: bei hoher Temperatur starten, dann unbedingt die Hitze reduzieren, sonst wird die Gans trocken. Wer ganz sichergehen will, kann nach 1 Stunde auf bis zu 80 °C (Umluft 60 °C) herunterschalten und die Gans 7 bis 8 Stunden im Ofen lassen.

[c] SAUCE ENTFETTEN Perfekt entfetten lässt sich die Sauce mit einem Fettkännchen. Ohne gelingt es am besten, wenn man die Sauce vorsichtig in ein schmales Gefäß gießt und nach einer Weile das obenauf schwimmende Fett mit einem Löffel abschöpft.

MARTINSGANS
mit Apfel-Birnen-Füllung

EIN FESTESSEN IM HERBST UND FÜR WEIHNACHTEN. IHNEN BLEIBT VIEL ZEIT, WÄHREND DER VOGEL IM OFEN ZUR HÖCHSTFORM AUFLÄUFT.

Zutaten für 4 Portionen

- 1 küchenfertige Gans (ca. 5 kg)
- Salz, Pfeffer
- 500 g Äpfel (z. B. Cox Orange, Gravensteiner oder Boskoop)
- 300 g feste Birnen
- 3 EL Semmelbrösel
- 1 EL Zucker
- 1 Msp. Zimt
- 2 cl Cognac
- 2 Bund Suppengrün
- 1 Zwiebel
- 1 Tasse Wasser
- 600 ml Gemüsebrühe
- 1 Stück Lebkuchen mit Oblate (ca. 20 g)
- 2 EL Apfelmus (Seite 14)

besonderes Werkzeug
- große Bratenform
- Holzspieße oder Küchengarn

Zeitbedarf
- 40 Minuten + 5 Stunden 15 Minuten garen

So geht's

1. Backofen auf 150 °C (Umluft 120 °C) vorheizen. Gans waschen, trocken tupfen. Bürzel abschneiden. Innen und außen mit Salz und Pfeffer einreiben. Äpfel und Birnen waschen, schälen, vierteln, entkernen und klein schneiden.
2. Semmelbrösel, Zucker, Zimt und Cognac zu der Obstmischung geben. In die Gans füllen, diese anschließend mit Holzspießen verschließen oder mit Küchegarn zunähen **[→ a]**.
3. Suppengrün putzen, klein schneiden. Zwiebel schälen, klein schneiden. In die Saftpfanne legen, Wasser dazugeben. Gans auf das Gemüse setzen, in den Ofen schieben. Nach einer Stunde die Gemüsebrühe dazugießen. Backofentemperatur auf 120 °C (Umluft 100 °C) reduzieren.
4. Gans während der Garzeit 2- bis 3-mal mit Bratensaft angießen. Nach insgesamt 5 Stunden aus dem Ofen nehmen **[→ b]**. Flüssigkeit aus der Saftpfanne abgießen. Gans auf den Grillrost setzen, mit kaltem Wasser einpinseln. Bei 250 °C (Umluft 220 °C) 15 Minuten lang knusprig werden lassen.
5. Flüssigkeit entfetten **[→ c]** und in einem Topf aufkochen lassen. Hitze reduzieren. Lebkuchen kleinzupfen, dazugeben, schmelzen lassen. Apfelmus dazugeben, abschmecken.

MIT KARTOFFELKLÖSSEN oder Kartoffelpüree und einer kräftigen Riesling-Auslese schmeckt die Gans fantastisch.

Die Varianten

Füllung
Die Füllung kann auch nur mit Äpfeln oder mit Äpfeln und 250 g eingeweichten Backpflaumen hergestellt werden, ebenso mit Maronen. In diesem Fall beim Gemüsehändler nach vorgegarten Maronen fragen. Verarbeiten wie die Äpfel und zur Füllung eine klein geschnittene Zwiebel geben. Zur Gans mit Maronenfüllung passt ein Spätburgunder.

Pute
Puten lassen sich auf dieselbe Art füllen, die Garzeit verringert sich bei gleichem Gewicht um etwa 1 Stunde.

REGISTER

A

ADRESSEN

Mehr über den Quittenlehrpfad und die auf den Seiten 75 und 125 vorgestellten Produzenten finden Sie unter
www.mustea.de
www.obsthof-am-steinberg.de
www.vallendar.de

AKTEURE

Ingo Swoboda, geboren und aufgewachsen in Eltville am Rhein, schreibt nach mehrjähriger Tätigkeit als Redakteur und stellvertretender Chefredakteur heute unter anderem für DER FEINSCHMECKER, Sommelier Magazin, Bonner General-Anzeiger, F.A.Z.-Sonntagszeitung, Süddeutsche Zeitung, arbeitet als Restaurantkritiker und ist Mitglied in internationalen Verkostungsjurys. Er hat rund 50 Bücher zum Thema Essen und Trinken verfasst, die in mehrere Sprachen übersetzt wurden. 2006 wurde Ingo Swoboda der „Pro-Riesling-Förderpreis" für Publizistik verliehen.

Jacqueline Vogt wurde in einer Familie groß, die das gute Essen und Trinken liebt. Und was sie von Kindesbeinen an begleitet hat, das hat die Journalistin zu ihrem Beruf gemacht: Sie ist seit vielen Jahren Redakteurin der F.A.Z und schreibt, wenn sie sich nicht mit Bildungspolitik befasst, vor allem über kulinarische Themen. Sie berichtet über Küchen und Köche, über Lokale und Weine und hat eine Restaurant-Kolumne in der F.A.Z.-Sonntagszeitung.

Alexander Walter ist seit 20 Jahren selbständiger Fotograf. Im Auftrag renommierter Verlage und internationaler Agenturen arbeitet er vor allem in den Bereichen People, Still life und Reportage. Der leidenschaftliche Gourmet und Hobbykoch war bei über 40 Fach- und Kochbüchern für die optische Umsetzung der Konzepte verantwortlich. Mit seinen drei Kindern und seiner Frau lebt und arbeitet er mitten im Grünen, im schönsten bayerischen Oberland.

Michael Pannewitz setzt seit 10 Jahren als Foodstylist Gerichte verführerisch in Szene. Zuvor hat er nicht nur eine Ausbildung als Fotograf absolviert, sondern auch 16 Jahre lang in prämierten Restaurants als Koch seine Gäste verwöhnt. Unterstützt wird Michael Pannewitz von **Simon Phillip Kresse**. Nach 15 Jahren als Koch in Hotels und Restaurants in ganz Europa spezialisiert er sich nun auf das Thema Foodstyling.

Natascha Sanwald ist für Ausstattung und Requisite verantwortlich. Seit vielen Jahren arbeitet sie als Stylistin für Wohn- und Einrichtungsmagazine.

Der Verlag dankt folgenden Unternehmen für die Unterstützung dieses Buchprojekts:

- Neff, www.neff.de
- Kustermann, München, www.kustermann.de
- 1260GRAD, München, www.1260grad.de
- Kochgut, München, www.kochgut-muenchen.de
- Landpartie, Kristina Stöckel by Landpartie, München
- Radspieler, München, www.radspieler.de

IMPRESSUM

Mit 110 Farbfotos von Alexander Walter

Umschlaggestaltung von Gramisci Editorialdesign, München, unter Verwendung eines Fotos von Alexander Walter

Rezepte, Geling-Tipps, Infos zum KOSMOS-Kochbuch-Programm und vieles mehr unter **www.kosmos.de/gut-gekocht**

Unser gesamtes lieferbares Programm und viele weitere Informationen zu unseren Büchern, Spielen, Experimentierkästen, DVDs, Autoren und Aktivitäten finden Sie unter **www.kosmos.de**

Gedruckt auf chlorfrei gebleichtem Papier

ISBN 978-3-440-12245-7

Redaktion und Projektleitung: Claudia Salata
Lektorat: Eva Henle, Wien
Gestaltungskonzept und Layout: Gramisci Editorialdesign, München
Satz: Atelier Krohmer, Dettingen/Erms
Produktion: Eva Schmidt
Printed in Germany / Imprimé en Allemagne

FSC ® **Mix**
Produktgruppe aus vorbildlich bewirtschafteten Wäldern und anderen kontrollierten Herkünften
Product group from well-managed forests and other controlled sources
www.fsc.org Zert.-Nr. SGS-COC-004238
© 1996 Forest Stewardship Council